Schätze für die Seele
Das Inspirationsbuch

Das Buch

Einen Schatz suchen – das ist ein großes Abenteuer. Aber Schätze kann man nicht nur mithilfe einer geheimen Karte, eingegraben an geheimnisvollen Orten, finden. Eigentlich sind die wirklich wichtigen Schätze auch keine, die sich in Schatztruhen verschließen lassen. Die wahren Schätze, das sind die erfüllten Momente mit dem Liebsten, die Augenblicke voller Freude im Kreis guter Freunde. Die Stunden, in denen man ganz mit sich im Reinen ist.

Es sind die Schätze für die Seele, um die es in diesem Buch gehen soll. Das Gute daran: Die Kostbarkeiten, die hier vorgestellt werden, sind für jeden erschwinglich. Wenn man nur genau genug hinsieht, kann man sie fast überall finden – und auch sie verhelfen zu Reichtum, einem Reichtum der Seele. Dieses Buch ist eine Einladung, sich inspirieren zu lassen. Gehen Sie selbst auf Schatzsuche!

Die Herausgeberin

Gabriele Hartlieb, geb. 1967, studierte Germanistik und Theologie und war danach eineinhalb Jahrzehnte lang Verlagslektorin mit den Schwerpunkten Spiritualität, Theologie, Gesellschaft. Sie arbeitet als Publizistin und in der Veranstaltungsorganisation, ist Herausgeberin zahlreicher Anthologien und lebt mit ihrer Familie in Freiburg im Breisgau.

Inhalt

Vorwort

von Gabriele Hartlieb

Was ein Schatz ist? Natürlich weiß man das! Eine große Kiste voller Kostbarkeiten, alles, was darin glänzt, ist Gold, jedes Einzelstück ein Vermögen wert, alles zusammen unermesslicher Reichtum. Ein solcher Schatz ist es, den der Schiffsjunge Jim Hawkins auf der „Schatzinsel" sucht, Pippi Langstrumpf lässig unters Bett schiebt, für den Ali Baba eine ganze Höhle braucht. Ein Schatz ist versteckt, sein Eigentümer in der Vergangenheit verschollen, und wer ihn findet, lebt glücklich und sorgenfrei. Das wirkt sogar, auf dem Kindergeburtstag, mit Schokotalern – für ein paar Stunden. (Zumal auf denen auch kein Fluch lastet, wie er den munteren Helden Jack Sparrow zum Vergnügen der Kinobesucher in manche vertrackte Situation bringt.)

Einen Schatz suchen, das ist ein großes Abenteuer, und einen finden: das Glück des Lebens. Nun ist die große Kiste voller Kostbarkeiten leider eine seltene Angelegenheit; wer in materieller Sorgenfreiheit lebt, hat dies in den wenigsten Fällen einer gefundenen Goldkiste zu verdanken.

Zum Glück gibt es darum auch andere Schätze. Genauso verborgen, werden sie wie die Schatzkiste manchmal nach langer und mühsamer Suche, andere Male zufällig und überraschend entdeckt. Gefunden wird dabei ganz Unterschiedliches: die Arbeit, die Sinn schenkt; der Mensch, in dessen Gegenwart alles gut ist; die Begeisterung für eine Idee oder Tätigkeit oder Sache, die das ganze Leben in ein helleres Licht taucht. Es gibt Schätzchen, kleine Kostbarkeiten, die das Leben schöner machen; und man sollte sie nicht gering achten. Aber es gibt auch den einen großen Schatz, der alles andere vergessen sein lässt. Davon erzählt schon Jesus; er hatte es ja nicht so sehr mit materiellen Gütern – besaß aber offenbar einen Reichtum, der für viele große Anziehungskraft hatte. Jesus vergleicht das „Himmelreich“, die gerechte Welt Gottes, mit einem Schatz, der für alle, die eine Ahnung davon bekommen, einen Blick auf sie erhaschen, sie gefunden haben, wichtiger wird als alles andere: *Mit dem Himmelreich ist es wie mit einem Schatz, der im Acker vergraben war; den fand einer und vergrub ihn wieder. Und in seiner Freude geht er hin und verkauft alles, was er hat, und kauft jenen Acker. Weiter: mit dem Himmelreich ist es wie mit einem Händler, der schöne Perlen suchte. Als er aber eine besonders kostbare Perle fand, ging er hin, verkaufte alles, was er hatte, und kaufte sie.* (Matthäus 13, 44-46)

Wichtiger als alles andere ist ein solcher Schatz, und letztlich keine Frage des Geldes. Vielmehr bildet er den Reichtum der Seele. Und so kann er zwar eine materielle Gestalt haben, braucht sie aber nicht. Die wirklich gute Nachricht: es gibt für jeden einen, meist sogar mehrere. Seine Kostbarkeit ist individuell: mein Schatz ist, worauf sich meine Gedanken und meine Kraft richten, was Freude in mir weckt und mich stolz macht, wonach ich mich sehne, wenn ich woanders bin, was mich beglückt, auch wenn ich es schon lange kenne.

Was mein Schatz ist: das weiß ich vielleicht gar nicht immer ganz genau, das muss ich manchmal vielleicht in einer mühsamen Suche herausfinden. Weil die Schätze der Seele nicht unbedingt Sachen sind, oft nicht glänzen und manchmal ziemlich unscheinbar daherkommen, erkenne ich nicht immer ihre Kostbarkeit. Dabei sind Schätze für die Seele sehr konkret, auch wenn sie unkörperlich sind. Freuden und Erinnerungen gehören zu ihnen, Aufgaben und Beziehungen, was schön ist, was gut tut, was begeistert, was bleibt und nicht vergehen kann, was verbindet, was befreit, was Kraft gibt.

Und darum kann ich Schätze für die Seele auch sammeln. Ich tue es, wenn ich mit Menschen zusammen bin, die ich liebe; wenn ich besondere Augenblicke in meiner Erinnerung bewahre; wenn ich die Schönheit genieße; wenn ich etwas Sinnvolles tue. All das gibt meiner Seele Kraft, lässt sie gedeihen und stark werden, macht sie reich. So kann sie auch Zeiten überstehen, in denen das Leben hart ist oder dunkel, der Job frustrierend und die Liebe schmerzhaft. Was ich an inneren Schätzen gesammelt habe, kann nicht verloren gehen. Sie verbrauchen sich auch nicht, die Seelenschätze, und sie haben die erstaunliche Fähigkeit, nicht weniger zu werden, wenn ich sie teile und austeile. Auch wenn dein Schatz nicht mein Schatz ist, so kann es doch ein Gewinn für mich sein, wenn du mir deinen Schatz zeigst oder von ihm erzählst. Gewiss gibt es Kostbarkeiten, die so wertvoll sind im Innern der Seele, dass sie geschützt und verborgen bleiben müssen und nur wenigen gezeigt werden können. Aber der Reichtum der Seele kann groß sein und vielfältig.

Und so sind die folgenden ausgewählten Texte eine Einladung zur Schatzsuche im Alltag: Was gibt es Schönes zu sehen und zu hören, und wie reich macht das! Wie sieht es mit der Verbindung körperlicher Freuden mit dem Inneren aus? Warum bergen Sachen kostbare Erinnerungen? Welcher Mensch ist unser Schatz? Wie wertvoll ist das Erleben und Genießen des Augenblicks, und wie sammle ich Himmelsschätze? Ich wünsche Ihnen dabei manche schöne Entdeckung und reichen inneren Gewinn!

1 So viel Schönes: Sehen und hören lernen

Trinkt, o Augen, was die Wimper hält
Vom goldenen Überfluss der Welt!

Gottfried Keller

Kühle Schönheit

von Evamaria Bohle

Sie kommt aus dem See. Aus dem graukalten Wasser, das an die Ufersteine gluckst, das sich hinstreckt, kräuselt, wellt unter aprilblauem Frühlingshimmel. Sie kommt aus dem See auf mildorangen Füßen. Im Wasser zu Hause. Sie kommt aus dem See, mustert mich aus braunfunkelnden Augen – die Pupille ein schwarzes Rund – und erkennt: Keine Gefahr.

Eine Glocke schlägt in der Stille, in die sich Vogelstimmen weben, gelegentlich tupft eine Taube ein dunkles Gurren ins Licht. Alles bleibt zart. Eine kühle Schönheit hat diese Vormittagsstunde.

Und sie kommt aus dem See. Überperlt. Funkelmariechen. Lichtspielfläche. Atmend. Mit flüchtigem Stolz ein Plustern, ein Gefiederschütteln, eine dem leichten Wind dargebotene Bewegung – und die Schnabelarbeit beginnt.

Wie beweglich ihr Hals ist, der Kopf, kein Federchen bleibt unbedacht, bezupft, geölt, geglättet. Und die ganze Zeit, wie eine Frau, die vor dem Spiegel summt, zwirbelt sie winzige Geräusche in den Morgen. Kein Zirpen. Kein Zwitschern. Ein Stockentenliedchen, zwischen die Federn gemorst. Ein Schnabelwischen, ein Brustflaumdurchlüften.

Und dann: Sich niederlassen. Zwischen den Flügeln den Schnabel. Die braune Iris, schwarze Pupille, das Lid scheint sich von unten über den Bernsteinblick zu schieben. Wie ein Atmen. Das Öffnen und Schließen des Auges. Wachsam. Das Geräusch bewachend, das von dem Stift ausgeht, den ich über das Papier führe. Dann bleibt das Auge geschlossen.

Ein schmaler schwarzer Streifen, fast schon ein Lidstrich, verliert sich in den braunen Grautönen des samtig schimmernden Schädels. Einmal mit dem Finger über diesen Kopf streichen dürfen, der jetzt zurückgewandt, entspannt, mit dem Schnabel im Rückengefieder, träumt. Auch das dumpfe Bellen eines gar nicht so fernen Hundes stört die Ruhe nicht. Auch das Zirpen ist verstummt.

Stockentendamenherrlichkeit. Elegant, raubkatzig schwarzbraun gefleckt die zarten Federn, in denen der Schnabel ruht. An beiden Seiten die Flügel, strenge Schwungfedern. Symmetrisch, grau, braun, beige, meliert mit schneeweißer Kante. Dezent der Streifen Lila. Ente von Welt. Sie kommt aus dem See. Sie schläft. In tiefen Atemzügen hebt und senkt sich ihr Rücken – der Sonne ein Nest.

Septembermorgen

Eduard Mörike

Im Nebel ruhet noch die Welt
Noch träumen Wald und Wiesen:
Bald siehst du, wenn der Schleier fällt,
Den blauen Himmel unverstellt
Herbstkräftig die gedämpfte Welt
In warmem Golde fließen.

☆☆☆

Die Natur ist unser Schatz.
Ehrfurcht kommt ganz natürlich.

SURYA DAS

Du bist schön und groß

aus dem Sonnenlied des Echnaton

Du erscheinst schön im Lichtort des Himmels, du lebendige Sonne, die das Leben bestimmt. Du bist im östlichen Horizont aufgegangen und hast jedes Land erfüllt mit deiner Vollkommenheit.

Du bist schön und groß, glänzend und hoch über jedem Land. Deine Strahlen umarmen die Länder bis zu den äußersten Grenzen all dessen, was du geschaffen hast. Du bist Re, du erreichst ihr Ende und bezwingst sie für deinen geliebten Sohn. Wenn du auch fern bist, sind doch deine Strahlen auf Erden. Du bist im Angesicht der Menschen, und doch kann man deinen Weg nicht ergründen.

☆☆☆

Nichts Schönres unter der Sonne
als unter der Sonne zu sein.

INGEBORG BACHMANN

Sonnengesang
von Franz von Assisi

Gelobt seist Du, mein Herr,
mit allen Deinen Geschöpfen
vornehmlich mit der edlen Herrin
Schwester Sonne,
die uns den Tag schenkt durch ihr Licht.
Und schön ist sie
und strahlend in großem Glanze:
Dein Sinnbild, Höchster!

Und gelobt seist Du, mein Herr,
Durch Bruder Mond und die Sterne;
am Himmel schufest Du sie
Leuchtend und kostbar und schön.

Gelobt seist Du, mein Herr,
durch Bruder Wind und die Luft,
durch wolkig und heiter und jegliches Wetter,
durch das Du Deinen Geschöpfen
Gedeihen gibst.

Gelobt seist Du, mein Herr,
durch Schwester Wasser;
gar nützlich ist sie
und demütig und köstlich keusch.

Gelobt seist Du, mein Herr,
durch Bruder Feuer,
durch den Du die Nacht uns erleuchtest,
und schön ist er und fröhlich
und gewaltig und stark.

Gelobst seist Du, mein Herr,
durch unsere Schwester
Mutter Erde,
die uns ernährt und erhält,
vielfältige Frucht uns trägt
und bunte Blumen und Kräuter.

Gelobt seist Du, mein Herr,
durch jene, die aus Liebe zu Dir vergeben
und Schwäche tragen und Trübsal.
Selig, die harren in Frieden.
Du, Höchster, wirst sie einst krönen.

Gelobt seist Du, mein Herr,
für unsern Bruder, den leiblichen Tod;
ihm kann kein Mensch lebendig entrinnen.
Weh denen, die in Todsünden sterben;
doch selig, die er findet
in Deinem heiligsten Willen;
der zweite Tod tut ihnen kein Leides.

Lobet und preist meinen Herrn,
und danket und dienet ihm
in tiefer Demut!

Liebe zur Schönheit

von Dorothee Sölle

Kinder und Künstler sind Lehrer einer Spiritualität der Schöpfung. Sie setzen die geschaffenen Dinge in eine neue Verbindung zueinander, sie verwandeln das Alltägliche in ein Wunder und das Vorhandene in ein Geschaffenes. Durch sie verlernen wir unsere trostlose Trivialität, sie lehren uns das freudige Erstaunen. Wir nehmen die Magnolie wieder wahr, als sähen wir sie zum ersten Male. Wir lernen einen anderen Blick.

Ein wesentliches Element für eine Spiritualität der Schöpfung ist die Fähigkeit, Schönheit wahrzunehmen. Menschen sind zu einer zweckfreien Anschauung der Dinge imstande, die wir ästhetisches Wohlgefallen nennen. Nimmt man das Verbum „wahrnehmen" wörtlich, dann zeigt sich, dass Wahrnehmung etwas mit Wahrheit zu tun hat. Die Wahrnehmung des Schönen verlockt uns zur Wahrheit. Wenn nach den Worten des Dichters William Blake „Die Tore der Wahrnehmung gereinigt sind", dann bekommen wir mehr zu Gesicht und werden der geschaffenen Welt auf andere Weise gewahr. Die Dinge erscheinen nicht länger als verfügbare tote Materie, sondern als lebendige, wachsende Organismen. Im ästhetischen Sinne sind wir alle Animisten, die glauben, dass allem eine lebendige Seele innewohnt. Wahrnehmung des Schönen bringt die Gegenstände unserer Anschauung zum Reden. Es entsteht ein Dialog zwischen dem Betrachter und dem ansonsten in unserer Kultur als unbelebt geltenden Gegenstand. Im Gespräch mit der Sonne oder dem Baum begreifen wir den Zusammenhang der Schöpfung, und vielleicht erblicken wir sie so, wie Gott sie sah, als er am Anfang sprach: „Siehe, es ist sehr gut!" Das hebräische Wort für gut – *tov* – hat auch die Bedeutung von schön. Also sprach Gott bei der Erschaffung der Welt: „Siehe, alles ist sehr schön!"

Wie ich die Welt sehe

von Albert Einstein

Das Schönste, was wir erleben können, ist das Geheimnisvolle. Es ist das Grundgefühl, das an der Wiege von wahrer Kunst und Wissenschaft steht. Wer es nicht kennt und sich nicht mehr wundern, nicht mehr staunen kann, der ist sozusagen tot und sein Auge erloschen. Das Erlebnis des Geheimnisvollen – wenn auch mit Furcht gemischt – hat auch die Religion gezeugt. Das Wissen um die Existenz des für uns Undurchdringlichen, der Manifestationen tiefster Vernunft und leuchtendster Schönheit, die unserer Vernunft nur in ihren primitivsten Formen zugänglich sind, dies Wissen und Fühlen macht wahre Religiosität aus; in diesem Sinn und nur in diesem gehöre ich zu den tief religiösen Menschen. Einen Gott, der die Objekte seines Schaffens belohnt und bestraft, der überhaupt einen Willen hat und nach Art desjenigen, den wir an uns selbst erleben, kann ich mir nicht einbilden. Auch ein Individuum, das seinen körperlichen Tod überdauert, mag und kann ich mir nicht denken; mögen schwache Seelen aus Angst oder lächerlichem Egoismus solche Gedanken nähren. Mir genügt das Mysterium der Ewigkeit des Lebens und das Bewusstsein und die Ahnung von dem wunderbaren Bau des Seienden, sowie das ergebene Streben nach dem Begreifen eines noch so winzigen Teiles der in der Natur sich manifestierenden Vernunft.

☆☆☆

Glauben Sie an die Identität des Wahren,
Schönen und Guten.

Michel Houellebecq

Augen und Ohren gebrauchen

von Rosa Luxemburg

Breslau 2. August 1917

[…] Sie fragen „wie man gut wird", wie man die „subalternen Teufel" in seinem Innern zum Schweigen bringt? Sonitschka, ich weiß dagegen kein anderes Mittel, als eben jene Verknüpfung mit der Heiterkeit und Schönheit des Lebens, die stets und überall um uns sind, wenn man nur versteht, Augen und Ohren zu gebrauchen, und die innerliches Gleichgewicht verschaffen, über alles Ärgerliche und Kleine hinwegheben …

Jetzt eben – ich habe eine kleine Pause gemacht, um den Himmel zu beobachten – ist die Sonne schon viel tiefer hinter dem Gebäude versunken und hoch oben schweben – weiß Gott woher – lautlos zusammengelaufene Myriaden kleiner Wölkchen, die am Rande silbrig leuchten, in der Mitte zartgrau und alle ihre zerfetzten Umrisse nach dem Norden steuern. Es liegt so viel Unbekümmertheit und kühles Lächeln in diesem Wolkenflug, dass ich mitlächeln muss, wie ich immer den Rhythmus des umgebenden Lebens mitmachen muss. Wie könnte man bei solchem Himmel „bös" oder kleinlich sein? Vergessen Sie bloß nie, um sich zu blicken, dann werden Sei immer „gut" sein. […]

Ich umarme Sie vielmals
Ihre Rosa

☆☆☆

Schönheit ist Verheißung von Glück.

Hugo von Hofmannsthal

Sprache ist küssen

von Bettina von Arnim

Wenn ich der Natur lausche, Zuhören will ichs nicht nennen, denn es ist mehr als man mit dem Ohr fassen kann, aber lauschen, das tut die Seele. – Siehst Du, da fühl ich alles, was in ihr vorgeht, ich fühl den Saft, der in die Bäume hinaufsteigt bis zum Wipfel, in meinem Blut aufsteigen, ich steh so da und lausch – und dann – da empfind ich – ich denk aber nicht grad, oder doch nicht, dass ichs wüsst, aber wart nur einmal, wies weiter geht. – Alles, was ich anseh – ja das empfind ich plötzlich ganz – grad als wäre ich die Natur selber, oder vielmehr alles, was sie erzeugt, Grashalme, wie sie jung aus der Erd heraustreiben, dies fühl ich bis zur Wurzel und alle Blumen und alle Knospen, alles fühl ich verschieden. – Seh ich den großen Rosenstrauch an, da auf dem Inselberg, er hatte beinahe schon abgeblüht, jetzt ist ein Nachschuss da, das betracht ich alles, das dringt mir alles mit etwas ins Herz, soll ichs Sprache nennen? – Mit was berührt man denn die Seel, ist die Sprach nicht die Lieb, die die Seel berührt, wie der Kuss den Menschen berührt? – Vielleicht doch, nun, so ist das, was ich in der Natur erfahr, gewiss Sprache, denn sie küsst meinen Geist, – jetzt weiß ich auch, was küssen ist, denn sonnst wärs nichts, wenn das nicht wär, jetzt geb acht:

Küssen ist die Form und den Geist der Form in uns aufnehmen, die wir berühren, das ist der Kuss, ja die Form wird in uns geboren.

Und darum ist die Sprache auch küssen, es küsst uns jedes Wort im Gedicht, alles aber, was nicht gedichtet ist, das ist nicht gesprochen, das ist nur gegautzt, wie die Hunde. Ja, willst Du denn anders mit der Sprache, als die Seele berühren, und was will der Kuss anders, er will die Form in sich saugen und die Seele berühren, alles das ist eins, ich habs von der Natur gelernt, sie küsst mich und ich bin auch schon so ganz dran gewöhnt, dass ich ihr gleich mit den Augen entgegen komme, denn die Augen sind der Mund, den die Natur küsst, siehst Du, so fühl ich auch, dass mich die Knospe anders küsst als eine Blume, denn warum sie sind verschieden in der Form, dies Küssen ist aber sprechen, ich könnt sagen: Natur, dein Kuss spricht in meine Seele hinein.

☆☆☆

Am andern Tage war es schön,
und immer schönere Tage kamen
und schönere.

ADALBERT STIFTER

Familienmitglied Tschechow

von Gabriele Wohmann

Damals in Badenweiler habe ich nicht direkt im Tschechow-Zimmer gewohnt, aber es gibt eine enge Verbindung zu ihm. Ich habe einmal eine Werkauswahl gemacht, 800 Seiten dick, mit Briefen, Kurzgeschichten, Dramen und Tagebuchnotizen. Das war eine Mordsarbeit, die würde ich mir für sonst jemand nicht machen. Er ist eine Art Lieblingsautor – klingt blöd, aber das ist natürlich Bewunderung. Ich mag seine Art von bitterem und doch sanftem Humor und das, was er alles unausgesprochen lässt – die Sehnsucht der Menschen, die bei ihm vorkommen. Alle verlangen sie nach mehr. Ihr Leben kommt ihnen unausgefüllt und schäbig vor. Und sie möchten mehr, mehr – nach Moskau! Das steht ja in den *Drei Schwestern* im Grunde nur für Erlösung und Befreiung, endlich. So deute ich das, obwohl Tschechow von sich behauptet hat, er sei nicht religiös.

Viele irritiert das, wenn man eine so enge Verbindung hat zu jemandem, den man nur aus Büchern und Briefen kennt. Für mich aber ist das alles so lebendig wie zu Zeiten, als Tschechow schrieb. In dem letzten Roman, den ich gelesen habe, von Stewart O'Nan, der jetzt lebt, hat mich gestört, dass seine Personen ständig mit dem Handy herumtelefonieren und iPhone und was weiß ich und Websites und lauter mir unverständliche Internetgeschichten machen. Eine Tochter ist vermisst, sie suchen sie über Internet und alle möglichen Drähte. An und für sich liebe ich Stewart O'Nan und sein Talent sehr, den amerikanischen Alltag zu schildern – und dass er auch niemals ordinär wird und überdeutlich. Aber diesmal hat mich dieses zu viel zeitgenössische Zubehör gestört, vielleicht weil ich selbst zu wenig mitgehalten habe, modern zu werden. Ich bin schon sehr anachronistisch, weil ich auch bei meinen vielen Freunden und Freundinnen, die alle jünger sind als ich, nicht mehr recht mitkann, wenn die von ihren Interneterfahrungen erzählen, was sie alles übers Internet kriegen und sich besorgen: Hotels und so weiter. Alles ist *derart* verändert. Ich will gar nicht erklärt haben, wie das geht: Sie erzählen, wie sie Fotos vervielfältigen mit ihrem Handy. Dauernd kriege ich Fotos von irgendwelchen neuen Babys geschickt, die glücklich auf die Welt gekommen sind, das geht heute am laufenden Band, dieses Reproduzieren und Fotomachen. Alles per Handy! Da werde ich ganz fatalistisch und altmodisch. Noch mehr: Da fühle ich mich verjährt.

Wenn ich Tschechow lese, fühle ich mich nun nicht modern, aber nicht so verjährt, nicht so außerhalb der Zeit. Ob es familiär ist mit ihm, fragen Sie? Ja, schon etwas. Ob er auch mit mir spricht? Nein, ich habe keine spiritistischen Kontakte. Ich empfinde einfach nach, was ich lese. Man liest Bücher eines Autors, der nicht mehr lebt und denkt: Da wird etwas mir Bekanntes geschildert. Und doch ist natürlich Tschechows Welt nicht ganz meine, weil alles auch sehr russisch ist und auch in seiner Zeit spielt. Nur kann man es übertragen. Also wenn ich Goethe lese, bin ich schließlich auch nicht in der Goethezeit und kann dennoch genießen, die Gedichte in ihrer Zeitlosigkeit. *An den Mond* und *Wanderers Nachtlied* und all die berühmten Sachen. Ich interpretiere immer mal wieder Gedichte in der FAZ, da kann man Funde machen gerade in den alten Sachen. Als letztes hatte ich Novalis. Das sind Gefühle, die er äußert, die mir so verwandt und nah sind, dass ich gar keine Kluft empfinde. Es könnte von heute sein. Oder jetzt habe ich gerade ein Hebbel-Gedicht: *Abendgefühl.* Das ist auch genau mein Abendgefühl: wenn alles ruhiger wird.

Endlich nach Haus

Malerei liebe ich sehr, viele Bilder des Impressionismus, eigentlich alle! Aber auch die Zeiten davor. Als ich ein junges Mädchen war, in der Schule noch, in der Oberstufe, habe ich mich für ganz moderne Malerei interessiert, Aufsätze geschrieben, über Picasso und Baumeister war's, glaube ich. Das interessiert mich heute weniger. Ich bin jetzt ziemlich festgelegt auf Bilder, bei denen ich mir etwas vorstellen kann, wenn ich sie mir ansehe. Bilder zum Träumen – wie dahinten an der Wand so bescheidene Bilder mit Landschaften, schwarz gerahmt sind sie, eine kleine Winterlandschaft oder Seebilder. Also da geht mir das Herz auf, Max Beckmann, Slevogt, jetzt aber auch unter den Modernen beeindruckt mich der Neo Rauch mit seinem magischen Realismus: Riesenbilder! Die Köpfe der Menschen ganz klein, aber ganz große Körper, die mit anderen Gegenständen gruppiert sind, völlig irr eigentlich, man kann darüber rätseln, eine Fortsetzung von Magritte ist der. Also ich muss mir bei Bildern etwas denken können. Ganz abstrakt, das sagt mir überhaupt nichts. Da bin ich irgendwie stehen geblieben, bin ich reaktionär, auch in der Musik. Da komme ich etwa bis Strawinsky.

Ob das mit der totalen Abstraktion vielleicht eher etwas für Menschen ist, die sich sehr sicher und geborgen fühlen? Das kann sein. Während ich noch immer nach Geborgenheit suche. Da lasse ich das Januar-Bild auf diesem New-York-Kalender hängen, egal welcher Monat ist. Dann habe ich noch August, da ist eine Menschenansammlung auf Long Island. Das habe ich auch sehr gern. Zwischen diesen beiden Bildern schwanke ich hin und her. Das Januar-Bild im Nebel – da suchen die beiden Frauen auf der Straße auch nach ihrer Geborgenheit jetzt gleich im Haus. Ein wunderbares Foto! Die gehen gleich rein. Die gehen nach Haus. Die haben eingekauft. Jetzt gehen sie endlich wieder nach Haus.

Und das andere Bild ist die Menschenansammlung, Mensch an Mensch am Strand – riesige Strände auf Long Island. Dann pickt man sich einen raus und denkt: Der ist doch auch ein Einzelner, der empfindet sich als ein Einzelner jetzt in dieser Menschenmenge. Das finde ich immer so bemerkenswert. Ich kann mich in den reinversetzen, wie der da auf dem heißen Strand sich jetzt ein Plätzchen sucht in der Masse. Lauter Einzelne. Ein französischer Germanist, Benoît Pivert, hat meine Geschichten mal mit Bildern von Edward Hopper verglichen, die Personen, die so isoliert dastehen. Obwohl ich's nicht ganz so sehe, hat mich das gefreut.

Von Schönheit umgeben

von Andy Lang

Wir sind von Schönheit umgeben und können neu lernen, sie zu entdecken und wahrzunehmen. Und dann werden wir sie auch in den dunklen Abgründen unseres Lebens erkennen können. Nicht nur das Gerade und Helle, das Ebenmaß und die Vollkommenheit sind schön, auch wenn uns Mode und Werbung dies glauben machen wollen.

Ich habe als junger Mann in einem Altenheim für geistig und körperlich behinderte Menschen gearbeitet. Als ich das erste Mal einer älteren Dame aus Rumänien vorgestellt wurde, erschrak ich: Zusammengekauert war sie in ihrem Rollstuhl versunken und war gezeichnet von multiplen Schlaganfällen. Ihre Haut war grobporig und ihre Haare hingen in wirren Strähnen um den knochigen Kopf. Aus einer dicken Hornbrille traf mich ein dunkler Blick aus wässrigen Augen. Völlig unvermittelt konnte sie zornig werden und mit einer krächzenden, heiseren Stimme unerhörte Schimpfworte in den Raum werfen.

Und dennoch geschah das Wunder, dass wir beide Freunde wurden. Vielleicht hatte ich mich ihr vorsichtig und langsam genug genähert und sie trotz ihres abstoßenden Äußeren respektvoll behandelt. Aber viel wahrscheinlicher war unsere Freundschaft ein Geschenk. Mit der Zeit entdeckte ich hinter der Fassade eine wunderbare Seele. Sie erzählte mir Geschichten aus ihrer Heimat und gemeinsam sangen wir mitten im Sommer lauthals und schräg deutsche Weihnachtslieder. Sowenig Anmut diese Musik gehabt haben dürfte, so wahr und schön war sie dennoch gewesen. Und während sie sang, lag eine Aura des Friedens über diesem gezeichneten Menschen.

Ein Pfad zur Seele

Die Musik ist ein geheimnis- und machtvoller Weg zu unserer Seele und oft die einzige Sprache, mit der wir zu Menschen hindurchdringen können, die sich nach außen abgeschottet haben. Eine Musiktherapeutin beschreibt ihre Erfahrung so: „Ich kann an der Musik entlang in einen Menschen hineinsehen – als wäre die Musik ein Tunnel zwischen ihm und mir. Mithilfe der unsichtbaren Hände der Musik suche ich nach den Menschen, und die Musik kann sie finden und zurückbringen. Nur die Musik vermag zu dem Wissen vorzudringen, das in diesem Menschen gefangen liegt." Musik versetzt unseren Körper in eine Schwingung, die uns an das zärtliche und liebevolle Werden unseres Selbst erinnert. Ich mag den Gedanken, dass Gott gesungen hat, als er unsere Seele erschuf. Und als unser Körper gestaltet wurde im Bauch unserer Mutter, haben wir ihre Bewegungen als Tanz empfunden und ihren Herzschlag als den Rhythmus unserer Welt erlebt.

Die Kelten kannten die Magie der Musik. Ihre wesentlichen Überlieferungen wurden in Liedform tradiert und ihre Barden bewahrten das kollektive Wissen und Gedächtnis ihrer Kultur in einer Vielzahl von Sprüchen und Gesängen. So umfangreich war die Ausbildung der Barden, die alle Lieder auswendig lernen mussten, dass sie zwanzig Jahre lang dauerte! Ihr Status war dem des Druiden ebenbürtig und nicht selten vereinten große Gelehrte beides in einer Person. Selbst in der Neuzeit, als Irland längst von protestantischen Engländern besetzt war und den katholischen Priestern die Rückkehr ins Vaterland die Hinrichtung eingebracht hätte, gab es den „Barden von Armagh": ein Bischof, der scheinbar als fahrender Sänger mit seiner Harfe übers Land zog und dabei heimlich Messen hielt und Priester weihte. Dabei war dieser Bischof auch Sänger und Musiker und verstand es, das Evangelium nicht nur mit dem Wort, sondern auch mit dem Klang seiner Kunst zu verbinden.

Die Gabe empfangen

Zu der Vorbereitung auf einen Gottesdienst gehört das Gebet in der Sakristei: Der Priester öffnet sich für die göttliche Präsenz und übergibt sich selbst der Führung des Himmels. Ein echter Gottesdienst ist eine gewagte Sache, denn wir begeben uns in ihm in die Sphäre des Heiligen, das kraftvoll und mächtig in unser Leben einwirken kann.

Ebenso ist wahres Musizieren eine heilige Sache, denn hier öffnet sich unsere Seele und wir werden empfänglich und verletzlich zugleich.

Musik zu schaffen und wirken zu dürfen hat viel mit Demut und wenig mit Stolz zu tun. Und so entspringt die Bitte um den Segen beim Spielen vor dem Spielen einem archaischen Wissen um das Wesen der Musik. Es ist, als wenn Gott eingeladen wird, zu unserer Musik selbst zu tanzen und sich an ihr zu erfreuen.

Als Songwriter erfahre ich immer wieder, dass der größte Anteil an einer neuen Melodie geschenkt ist. Natürlich bedarf es eines guten handwerklichen Könnens, um der Inspiration den Schliff zu geben und die fertige Komposition auf einem Instrument stimmungsvoll wiedergeben zu können. Und dennoch ist es letztlich eine Gabe, die ich demütig empfange.

Eine schöne Geschichte aus dem Kloster Whitby vertieft diesen Gedanken: Bruder Caedmon war schon ein alter Mönch und hatte in seinem langen Leben nie einen Zugang zu Musik oder Dichtung gefunden. Wenn nach dem Essen Musik gespielt wurde und die Harfe im Kreis herumging, damit jeder ein Lied beisteuerte, ging er lieber in seine Zelle, bevor er an die Reihe kam. Eines Abends war er wieder einmal vorzeitig gegangen und schnell in einen tiefen Schlaf gefallen. Da erschien ihm im Traum ein Mann, nannte ihn beim Namen und bat ihn, ein Lied für ihn zu singen. Caedmon protestierte und warf ein, dass ja genau dies der Grund gewesen sei, weswegen er das Fest verlassen hatte: Er könne nicht singen. „Aber für mich sollst du singen“, sagte der Fremde. „Singe von der Schöpfung aller Dinge.“ Caedmon erhob seine Stimme und die Worte flogen wie Vögel aus seiner Kehle:

> Nun preisen wir den, der das Gewölbe des Himmels
> gestaltet hat, die Majestät seiner Macht und seiner
> Gedanken Weisheit,
> Werk des Weltenwächters, der alle Wunder wirkt,
> wie er, der Herr der ewigen Herrlichkeit,
> für das Menschengeschlecht den Himmel wie eine
> Baumkrone schmiedete,
> dann die Mittel-Erde zu dessen Wohnung machte.
>
> CAEDMON DER SÄNGER

Als Caedmon aufwachte, konnte er sich an alles erinnern. Er schrieb weitere Verse. Schließlich vertonte er die ganze Heilsgeschichte. Seine Lieder bewegten so viele Menschen, dass etliche ihr Leben änderten und in Gottes Dienste traten. Obwohl Caedmon sah, welche Macht seine Lieder über Menschen hatten, blieb er ein einfacher Mönch und ein bescheidener Mann.

Wir sind alle Musiker

von Irmtraud Tarr

Für manche ist es das Wort, die Malerei oder die Musik, die ihnen das Vertrauen gibt, dass sie nicht allein sind, dass es Sinn gibt, auch in sinnarmen Zeiten. Selbst wenn ihnen der Sinn dessen, was sie in kargen Zeiten durchleiden, entgeht, so gibt es für sie dieses Aufgehobensein in diesem eigensinnigen Raum zwischen Innen und Außen, in dem sich Realität und Fantasie, Wirklichkeit und Illusion miteinander verbinden. Ein Zwischenraum, den jeder auf die eine oder andere Art schon einmal kennengelernt hat. Nicht nur zu besonderen Zeiten, auch im Alltag finden wir ihn, wenn wir beispielsweise beim Waldlauf tagträumen, die Musik fallender Regentropfen hören, eine Sandburg bauen, ein Klavierkonzert hören, die Stille einer Kirche in uns aufnehmen oder ein Glas Rotwein genießen. Haben wir nicht alle schon einmal die Feststellung gemacht, dass uns solche Erfahrungen das Vertrauen in das Rettende wieder schenken, wie jene kleinen Zettel, die wir einander zuschieben, um uns gegenseitig mit Worten wie: „Mach's gut!", „Es wird alles gut!", „Ich denke an Dich!", oder „Ich bete für Dich!" zu ermutigen und zu ermuntern? Ähnlich wie früher, wenn wir uns heimlich Zettel unter der Schulbank zuschoben?

Was ist eigentlich dieses Zaubermittel dieses Zwischenraumes, der uns so wohltuend bewegt, stärkt und uns wieder vertrauen lässt, dass es Sinn gibt? Am sinnreichsten lässt sich das am Beispiel der Musik beantworten. Musik ist in der Lage, etwas in uns zu öffnen und in Schwingungen zu versetzen, das sonst unberührt geblieben wäre. Wie kaum ein anderes Medium berührt Musik unser Herz. Sie spricht unsere Emotionen unmittelbar an, ohne Heilsversprechen und Manipulation, weil sie in ihrem Kern zweckfrei und in sich selbst genug ist. Vielleicht ist es sogar gerade das ganz Andere, Unberechenbare, Nutzlose, das ihren Sinn ausmacht. Musik ist für uns da wie die Sonne, der Mond, die Sterne, die Bäume und der Wind. Sie bewegt uns und unsere Sinne, weil sie in sich Sinn ist.

Insofern sind wir alle Musiker. Selbst diejenigen, die sagen: „Musik sagt mir nichts." Sie unterliegen höchstens dem Irrtum, zu meinen, Musik sei konkrete Mitteilung. Je intellektueller wir ausgerichtet sind, desto mehr brauchen wir sie. Nicht als Ausgleich oder Gefühlsduselei, sondern überhaupt, um das Hören zu lernen. Und weil Musik das Herz weicher macht. Es ist eine einzigartige Gabe, die die Musik bereithält, weil sie Bewegung ist und uns bewegt, aus der Verhärtung löst, weich macht und damit wärmer, sinnlicher. Musik sensibilisiert uns dafür, wie wir sein könnten, weil wir noch nicht so sind, wie sie es verspricht. Sie gibt jedoch hörbare Zuversicht, dass wir einmal so sein werden. Nicht aus Optimismus oder Ignoranz, sondern weil sie unsere Hoffnungssuche auf Sinn wachhält.

Ob beim gemeinsamen Singen, beim Orchesterspiel, der Jazzformation, der Rockband oder der Improvisationsgruppe: Wenn wirklich geübt und nicht nur das schnelle Glück des Auftritts gesucht wird, erleben Menschen sich als gemeinsam Lernende unter etwas Größerem vereinigt und in einen größeren Sinnzusammenhang eingebunden und in ihm aufgehoben. Solche Augenblicke geben uns eine Ahnung davon, was Sinnerfahrung konkret sein könnte. Was es heißt, ein spielerisches Terrain zu haben, auf dem Verschiedenheiten und Eigenheiten ihren Raum haben dürfen, auf dem individuelle Schwächen gemeinsam getragen und persönliche Stärken für die Gemeinschaft fruchtbar gemacht werden, und auf dem nebenbei etwas entsteht, was tiefen Sinn macht: Freude.

Musik ist die eigentliche Muttersprache des Sinns. Musik kann unsere Nöte, unsere Ängste forttanzen und fortsingen. Musik ist der „Ruf ins Entbehrte", wie Ernst Bloch sagte. Und sie ist ein Ausgriff in die Fülle. Was noch nicht da ist und wonach wir uns sehnen, können wir herbeisingen und herbeispielen. Auch wenn sich nur Mund und Hände bewegen und unser Herz noch nicht beteiligt ist, so ist das ein Weg, sich von außen nach innen aufzumachen, sein Herz zu öffnen. Manchmal schleifen unsere spielenden Hände, unser singender Mund unser Herz hinterher. „Wohlauf mein Herz und singe", heißt es. Manchmal ist es zuerst der Mund, der singt, bis die Seele nachkommt. Man denke an die folgende Indianergeschichte: Auf einer Wanderung legt sich ein Indianer nach jeder Etappe auf den Boden und lässt sich nicht zum Aufstehen bewegen. Er müsse warten, bis seine Seele nachkommt, ist seine Antwort. Auch wir müssen warten, bis unsere Seele nachkommt. Deswegen brauchen wir unseren Mund und unsere Hände, die vorangehen und das herbeisingen oder spielen, was sich unser Herz erträumt und wonach es sich sehnt.

Musik ist die Brücke zwischen Hier und Dort. Anders als die Malerei bringt sie uns unmittelbar in Verbindung mit dem, was uns überschreitet. Wir brauchen sie, weil sie uns ermöglicht, uns ganz einfach einmal fallen zu lassen, wie in die Arme eines geliebten Menschen. Hier findet man Aufgehobensein statt Verlassenheit und Einsamkeit mit sich selbst. Denken Sie als Beispiel dafür an J. S. Bachs berühmte Kantate „Ich hatte viel Bekümmernis", in der beides zu finden ist: Die Not, die Bach angesichts seiner vielen Verluste erlitt, und die Tröstung, die in den Worten „Deine Erquickungen trösten meine Seele" zum Ausdruck kommt.

Ich erzähle die Geschichte von einem Freund, der einen schweren Unfall überlebt hat. Ihm seien alle Inspirationen für seine Arbeit während des Gehens bei erzwungenen Fußwanderungen gekommen, sagte er. Seit seinem Unfall könne er es nur schwer im Sitzen aushalten. Besser gesagt: Es hält ihn nichts mehr an seinem Platz; sein Gehen hat ihn an neue Orte geführt – weiter, als er je gehofft hat. Er ist in der Lage zu hören, was die Stille auf seinen Fußwegen ihm sagt, was die Steine zu ihm sprechen, und er hört innere Melodien. Er summt vor sich hin und findet so seine eigene Stimme, die ihn mit dem lebenswichtigen Atem verbindet. Aus jedem seiner Sinne sind neue

Triebe gesprossen. Er hat sich auf eine neue Art der Welt geöffnet. Für mich kristallisiert sich eine Erfahrung heraus, die ich aus seinen Worten lese: Keiner der Sinne, mit denen wir die Welt erfahren und beeinflussen können, wird abgestumpft oder abgeschwächt, ohne nicht Raum für andere Sinne oder andere Wahrnehmungen zu schaffen.

Musik ist Hinweis auf andere Räume, auf das Überschreitende, das Versprechen der Ganzheit. Wir können singen und uns ausdrücken, ohne in Lösungs- oder Sinnzwänge zu verfallen. Auch die verzweifelte Anklage, der ohnmächtige Hilfeschrei, setzt noch voraus, dass es Gehör gibt, dass wir nicht allein sind, dass es Vertrauen gibt. Wir erhalten Resonanz, wenn wir singen, allein schon dadurch, dass wir dabei eine Botschaft über uns selbst, an uns selbst und an die anderen geben.

Denken wir an die tiefe emotionale Wirkung, die von den Interpretationen der Sängerin Maria Callas ausging, so erübrigt sich der Disput über diese oder jene Bedeutung der Musik. Sie hat nicht nur Rollen gesungen, sondern auf der Rasierklinge gelebt, so beschrieb es Ingeborg Bachmann. Musik ist Offenbarung gelebten inneren Lebens. Man könnte sogar sagen, dass sie die Natur unserer Gefühle in einer Weise offenbart, der die Sprache nicht nahekommt. Wir kommen mit der Musik in größere Räume, egal ob wir singen, spielen oder hören. Wir sind nicht mehr allein. Eine andere Art von Hinhören, von Dahinterhören und Dazugehören entsteht. Wir werden durchlässiger. Dies nimmt der Verzweiflung über die eigene Machtlosigkeit ihre Spitze. In der Musik weiß ich, dass ich nicht mein eigener Sinngeber und Retter sein muss. Ich kann das, was noch nicht da ist, herbeisingen, und das, was schon da ist, in seiner Schönheit loben und wertschätzen. Und es gibt meinem Leben Spiel und Leichtigkeit. Der Schraubstock des Überwältigtseins durch eigene Fehler, durch die blinde Ungerechtigkeit des Schicksals, die Sinnlosigkeit oder die verlorene Liebesmüh lockert sich um zwei Drehungen. Nicht nur nach außen, auch nach innen hin lässt der Druck nach. Vielleicht ist das die große Kunst, die wir der Musik verdanken: Wir müssen das Leben nicht im Griff haben, wir müssen nicht ständig im Rennen sein, wir müssen nicht Richter oder Zeigefingerheber für uns selbst sein. Wir dürfen ein Instrument sein im großen Orchester, wir müssen nicht das Orchester sein. Wir dürfen unsere eigene Melodie spielen, wie es Isaac Stern in dem Film „Von Mao zu Mozart“ zu einer jungen virtuosen Geigerin sagte. Wir sollen also kein besseres, höheres oder schnelleres Lied spielen als die anderen, sondern eines, das das ureigene ist, das den eigenen Sinn ausdrückt. Ein schlichtes Lied, das im Kern lautet: Ich bin, wer ich bin. Nicht mehr und nicht weniger.

Hören, singen, erquickt werden

von Martin Luther

Es ist kein Zweifel, dass viele Samenkörner guter Tugenden in solchen Gemütern seien, die von der Musik bewegt werden; von denen, die aber dadurch nicht bewegt werden, glaube ich, dass sie Klötzen und Steinen ganz ähnlich sind. Denn wir wissen, dass die Musik auch den bösen Geistern verhasst und unerträglich ist. Und ich urteile frei und scheue mich nicht zu behaupten, dass es nach der Theologie keine Kunst gibt, die der Musik gleichgestellt werden könnte, da sie zuwege bringen kann, was sonst allein die Theologie zuwege bringt, nämlich ein ruhiges und fröhliches Gemüt. Dafür ist ein klarer Beweis, dass der Teufel, der Urheber trauriger Sorgen und beängstigender Unruhe, bei der Stimme der Musik fast genauso flieht wie beim Wort der Theologie. Daher ist es geschehen, dass die Propheten sich keiner Kunst so bedient haben wie der Musik, da sie ihre Theologie nicht in die Geometrie, nicht in die Arithmetik, nicht in die Astronomie gefasst haben, sondern in die Musik, so dass sie die Theologie und die Musik eng verbanden und die Wahrheit in Psalmen und Liedern verkündigten. Aber was lobe ich jetzt die Musik und versuche, eine so große Sache auf einem so kleinen Stück Papier abzumalen oder vielmehr zu verunstalten? Aber meine Neigung zu ihr, die mich öfters erquickt und von großen Beschwerlichkeiten befreit hat, ist über die Maßen groß und bricht überwallend hervor.

Ich komme zu Dir zurück und bitte: wenn Du ein Exemplar dieses Gesanges hast: „Ich liege und schlafe ganz mit Frieden", lass es mir bitte abschreiben und senden. Denn diese Melodie hat mich von Jugend auf ergötzt und jetzt noch viel mehr, nachdem ich auch die Worte verstehe. Denn ich habe diese Antiphone nie mehr mehrstimmig gesetzt gesehen. Ich will Dich aber nicht mit der Arbeit beschweren, sie zu komponieren, sondern vermute, dass Du dieselbe anderweitig komponiert hast. Ich hoffe in der Tat, dass mein Lebensende nahe ist; die Welt hasst mich und kann mich nicht leiden, ich wiederum habe einen Ekel an der Welt und verabscheue sie. Daher möge der beste und getreue Hirte meine Seele zu sich nehmen. Deshalb habe ich bereits angefangen, diese Antiphone zu singen und wünsche, sie komponiert zu hören. Wenn Du sie nicht hast oder nicht kennst, so sende ich sie hier mit ihren rechten Noten geschrieben, die Du, wenn du willst, etwa nach meinem Tode, komponieren kannst. Der Herr Jesus sei mit Dir in Ewigkeit, Amen. Verzeihe meine Kühnheit und meine Weitschweifigkeit. Grüße mir Deinen ganzen Musikchor ehrerbietig.

[An Ludwig Senfl, 4. Oktober 1530]

2 Von außen nach innen: Körperfreuden – Seelenschmuck

Ich danke Gott und freue mich
Wie's Kind zur Weihnachtsgabe,
Dass ich bin, bin! Und dass ich dich,
schön menschlich Antlitz habe.

MATTHIAS CLAUDIUS

Am Strand

von Margot Käßmann

Wenn ich an einen Strand komme, fällt es mir schwer, die Schuhe nicht abzustreifen. Die Kälte könnte mich abhalten, ja. Aber selbst die nehme ich in Kauf für dieses Gefühl, mit der Erde verbunden zu sein und dem Wasser immer wieder spielerisch auszuweichen. Die Muscheln zu spüren, manchmal schmerzhaft scharfkantig. Es ist ein Erleben von Ursprünglichkeit, die oft verloren geht im Alltag.

Wenn ich Kinder beobachte, die im Sand spielen, buddeln, Wasser tragen, Burgen bauen und darum kämpfen, dass sie nicht von den Wellen zerstört werden, denke ich, das muss ihrer Seele gut tun. Sie erleben Freiheit und Kreativität, Energie und Lebenslust. Diese Unmittelbarkeit, dieses Spüren und Erleben verankert sich tief in der Seele. Solche Momente, solche Erfahrungen geben Kraft für Zeiten, in denen alles schwer scheint und belastend.

Solche Momente in der Erinnerung zu horten, solche Erfahrungen tief in dir festzuhalten, das kann ein Lächeln auf dein Gesicht bringen, wenn du auf sie zurückblickst.

☆☆☆

In einem Lied aus der amerikanischen Frauenbewegung, das einem kleinen Mädchen gilt, heißt es: „Möge der warme Wind dich streicheln, möge Gott lächeln, möge sie dich segnen." Gott lächelt, sie segnet, sie tröstet. Wärme, Weichheit, Zärtlichkeit, Geborgenheit, Gefühlsreichtum sind Züge Gottes.

DOROTHEE SÖLLE

Das Herz auf der Haut

von Gabriele Hartlieb

Haut
Verbirgt mich zeigt mich
Schützt mich gibt mich preis
Spürt alles
Warm weit nass weich kühl
Lebendig hart hell
Klamm leicht

Wie berührt
Und wer
Und was
Tut mir gut
Tut mir weh

Schmerzgrenze
Und
Grenzenloses Wohlgefallen
Ich trage mein Herz auf der Haut

Mit allen Sinnen

von Niklaus Brantschen

Sinn erfahre ich nicht an den Sinnen vorbei. Was damit gemeint ist, wird deutlich an einem Zitat, das ich bei David Steindl-Rast gefunden habe. Es stammt von Eido Tai Shimano, dem zeitgenössischen Zen-Meister:

„Vor ein paar Tagen ging ich am Fluss entlang. Der Wind wehte. Plötzlich dachte ich: ‚Oh, die Luft existiert wirklich!' Wir wissen, dass die Luft da ist, aber solange uns nicht der Wind ins Gesicht weht, sind wir uns ihrer nicht bewusst. Vom Wind umweht, wurde mir plötzlich bewusst, dass sie wirklich da ist.

Genauso ist es mit der Sonne. Plötzlich nahm ich die Sonne wahr, die durch die kahlen Bäume schien. Ihre Wärme, ihre Helligkeit – alles vollkommen frei, vollkommen gratis. Wir können sie einfach genießen. Und ohne es bewusst zu wollen, völlig spontan, legte ich die Hände gegeneinander und machte ‚gassho'. Da wurde mir klar, dass es nur darauf ankommt, dass wir uns verbeugen, tief verbeugen können. Nur das. Einfach nur das."

Wie lerne ich, durch die Sinne Sinn zu erfahren und dankbar zu werden? Es lohnt sich, bei der Suche einer Antwort auf diese Frage achtsam und schrittweise vorzugehen.

Sehen lernen heißt staunen lernen.

Formen Sie mit Daumen und Zeigefinger der rechten Hand eine Art Guckloch. Schließen Sie das linke Auge und schauen Sie durch das Guckloch. Ein ungewohnter Ausschnitt der Umgebung kommt in Ihr Blickfeld. Zum Beispiel ein paar Stämme junger Birken vor dem Fenster, eine Teetasse und ein paar Büroklammern auf Ihrem Pult. Alltägliche Dinge erscheinen in ihrer Einmaligkeit wie neu.

Wenn ich aufmerksam schaue
Sehe ich die Nazuna
An der Hecke blühen!

Dieses Haiku von Basho (17. Jh.) ist der poetische Ausdruck für das, was wir soeben als kleines Experiment versucht haben. Die Nazuna ist eine unauffällige Blume. Sie zeigt sich mir unmittelbar, lässt mich innehalten, staunen. Das letzte Wort des Gedichtes, nämlich *Kana*, ist ein Ausdruck des Staunens und wird am besten mit einem Ausrufezeichen wiedergegeben. Im Einzelnen, in einer unauffälligen Blume zum Beispiel, erblicke ich das Ganze, das Umfassende, das Sinngebende – und lerne staunen und dankbar werden.

Hören lernen heißt still werden.

Es ist eine bekannte Tatsache: Ohrenbetäubender Lärm, aber auch Stress und fehlende innere Ruhe verschließen meine Sinne und insbesondere den Gehörsinn für den verborgenen Sinn des Lebens. Nicht zufällig nennen wir eine ausweglose, unmögliche Situation „absurd". Im Wort „ab-surd" ist das Wort „surdus" enthalten, zu Deutsch „Taub". Wenn mein Ohr taub wird für das pulsierende Schweigen der Natur und damit für den verborgenen Sinn, erfahre ich Absurdität. Damit schließt sich ein heilloser Kreis: In den Sorgen und Zwängen des Alltags geht für viele der leise „Klang des Lebens" und mit ihm der tiefere Sinn verloren. Sinnlosigkeit führt aber zu neuen Sorgen und Ängsten und macht uns taub und stumpf.

Was ist zu tun? Ein Minimum an Stille tut Not. Gefragt ist eine Stille, die mehr ist als die Abwesenheit von Lärm; eine Stille, die es zu suchen und auszuhalten gilt; eine Stille schließlich, die durch „Abschalten", etwa durch die Praxis der Meditation, möglich wird.

Wo Stille waltet, ist Dankbarkeit nicht fern.

Tasten lernen heißt heilsame Nähe schenken.

Es gab einmal einen Philosophen, der sagte allen Ernstes: „Ich denke, also bin ich" oder auch: „Ich zweifle, also bin ich" (Descartes). Dieser Beweis meiner Existenz und eines sinnvollen Lebens macht wenig Sinn. Junge Menschen sagen heute: „Ich spüre den Wind in meinen Haaren, die Sonne auf meinem Rücken, den Partner, die Partnerin an meiner Seite, also bin ich." Im Tasten und Erspüren erfahre ich Sinn. Auch dies will eingeübt sein. Wir können Menschen zu nahe kommen, sie verletzen. Fingerspitzengefühl, Taktgefühl sind angezeigt. Wie wohltuend kann eine liebevolle, achtsame Be-handlung, Berührung sein.

Jesus heilte vor allem durch Berührung. Da kommt (Markus, Kapitel 8) ein Blinder zu Jesus und bittet ihn, er möge ihn berühren. Jesus nimmt den Blinden bei der Hand, führt ihn vor das Dorf hinaus, bestreicht seine Augen mit Speichel, legt ihm die Hände auf und fragt ihn: „Siehst du etwas?" Der Mann blickt auf und sagt: „Ich sehe Menschen; denn ich sehe etwas, was wie Bäume aussieht und umhergeht." Da legte er ihm nochmals die Hände auf die Augen; nun sieht der Mann deutlich. Er ist geheilt und wird wohl dankbar sein. Denn, wer wohltuende oder gar heilende Berührung erfährt, versteht – wenn er oder sie nicht von allen guten Geistern verlassen ist – zu danken.

Riechen lernen heißt, sich etwas unter die Haut gehen lassen.

Das Riechen bringt uns die Welt „draußen" noch näher als das Tasten. Gerüche holen auch längst Vergangenes in die Gegenwart zurück und, auf dem Weg des Erinnerns, in unser Inneres hinein. Wenn ich zum Beispiel frisches Brot rieche, fühle ich mich unweigerlich in meine Kindheit versetzt, in unsere Wohnung, in welche der Duft des Brotes aus der tiefer gelegenen Backstube hochstieg.

Gerüche und Düfte wurden von jeher in den Dienst der Kultur und der mystischen Erfahrung gestellt. Alle Hochreligionen wissen, wie nachhaltig Weihrauch und Räucherstäbchen auf Herz und Gemüt wirken. Nicht nur Klänge und Bilder, auch und gerade Gerüche und Düfte gehen in besonderer Weise unter die Haut, dringen ein. Bestimmte Gerüche haben eine gemütsaufhellende, herzerhebende Wirkung und begünstigen zum Beispiel die Meditation. Seit mehr als 30 Jahren entzünde ich beim Meditieren allein oder mit einer Gruppe ein etwas herbes Räucherstäbchen. Sein Duft verbindet mich auf nüchterne, unaufdringliche Weise mit dem Raum um mich, und der aufsteigende Rauch erhebt meinen Geist – und macht mich dankbar.

Schmecken lernen heißt weise werden.

Das Schmecken ist der innerste der Sinne. Es geht nicht nur unter die Haut, sondern reicht buchstäblich bis in die Eingeweide. Die Sprache verrät uns hier, wie sehr Schmecken für uns der Weg ist, mit der Welt eins zu werden. Die lateinische Sprache hat für „schmecken" und „weise werden" das selbe Wort: *sapere.* Was wir schmecken, innerlich verkosten, ja geradezu wiederkäuen, das macht uns weise. Weniger ist oft mehr. Dies gilt für die leibliche wie für die geistige Nahrung. Ignatius von Loyola sagt es so: „Nicht das Vielwissen sättigt die Seele, sondern das Schmecken und Verkosten der Dinge von innen her." Nicht von ungefähr empfiehlt Ignatius, sich die jeweiligen Betrachtungen der Heilsereignisse mit den „inneren Sinnen" vorzunehmen und sie mit einem Dankgebet abzuschließen.

Diese kurze Betrachtung der fünf Sinne hat uns gezeigt: Wer die Dinge draußen von innen her schmeckt und verkostet, ihren Duft aufnimmt, sie achtsam berührt, sie erlauscht und sehend wahrnimmt, bringt die Welt über die Sinne ins Innere. Dabei verlieren die Sinne nichts an Schärfe und Klarheit. Im Gegenteil: Das Sehen wird zum Schauen, das Hören zum Horchen, das Tasten zum Ergreifen und Ergriffensein, das Riechen und Schmecken zum Kosten und Verkosten.

So weit, so gut. Aber wie ist es, wenn wir alt und müde werden, die Sinne die Schärfe verlieren und wenn wir trotz Brille und Hörgerät nur schwer mit anderen kommunizieren können? Ein älterer Mann sagte mir kürzlich: „Im Alter nehmen alle Sinne ab, nur der Eigensinn nimmt zu." In der Tat, wir treffen gelegentlich alte Menschen, die sehr eigenwillig oder eben eigensinnig sind. Ich kenne aber auch solche, die sich in dieser Phase des Lebens dankbar des Vergangenen er-innern.

Ein Leben, das sich vom Sinnlichen abwendet und also sinnenfeindlich ist, wird blutleer, sinnarm, buchstäblich sinnlos – und undankbar. Warum?

Danken ist menschlich.

Jede Erfahrung mit wachen Sinnen, also jede echte Sinnerfahrung verbindet uns mit der ganzen Wirklichkeit und lässt Freude und Dank in uns aufsteigen. Dabei mag zunächst offen bleiben, ob wir diesen Dank mit einer Geste, mit einer Verbeugung oder mit Worten zum Ausdruck bringen und ob wir die sinngebende, alles umfassende Wirklichkeit „Gott" nennen oder nicht. Thich Nhat Hanh antwortete einem Pfarrer auf die Bemerkung, er, Thich Nhat Hanh, könne gar nicht dankbar sein, weil er nicht an Gott glaube:

„Ich dachte für mich: Ich fühle mich außerordentlich dankbar für alles. Sooft ich eine Speise berühre, sooft ich eine Blume sehe, sooft ich frische Luft einatme, fühle ich mich immer dankbar. Warum meinte er, dass ich nicht dankbar sei? Ich dachte an die Episode, als ich Freunden in Plum Village vorschlug, alljährlich ein buddhistisches Erntedankfest zu feiern. An diesem Tag üben wir wirkliche Dankbarkeit, indem wir unseren Müttern, Vätern, Vorfahren, Freunden und allen Wesen für alles danken ... Wir fühlen eine große Dankbarkeit für jeden und alles.

Sooft wir eine Mahlzeit einnehmen, üben wir Dankbarkeit. Wir sind dankbar dafür, dass wir als Gemeinschaft beisammen sind. Wir sind dankbar dafür, dass wir zu essen haben, und wir genießen die Speise in Gegenwart der Mitbrüder. Wir fühlen uns während der ganzen Mahlzeit und während des ganzen Tages dankbar und wir drücken dies dadurch aus, dass wir die Speisen ganz bewusst wahrnehmen und jeden Augenblick intensiv erleben. So versuche ich, meine Dankbarkeit gegenüber allem Leben auszudrücken." (Lebendiger Buddha, lebendiger Christus, Goldmann, S. 49f.)

Dank verpflichtet. Die lateinische Sprache kennt zwei Worte für danken, nämlich „gratiuam dicere", Dank sagen, und „gratias agere", Dank in Taten unter Beweis stellen. Zum Wort und zur Geste des Dankes kommt unweigerlich das Bedürfnis, die Dankbarkeit im konkreten Tun, in der Liebe zu den Menschen, zur Welt und zu Gott zum Ausdruck zu bringen.

Zum Dank-Sagen und Dank-Tun kommt das Dank-Sein. Diese zutiefst menschliche Haltung findet ihren klassischen Ausdruck in dem bekannten Distichon von Friedrich Schiller:

Das Höchste
„Suchst du das Höchste, das Größte? Die Pflanze kann es dich lehren:
Was sie willenlos ist, sei du wollend – das ist's!

Wer Dankbarkeit im umfassenden Sinn einüben will, möge sich an Jesus von Nazareth halten. Er liebte die Erde. Seine wunderbaren Gleichnisse zeugen davon. Er verachtete nicht die Gaben der Natur, wurde sogar als Fresser und Trinker verschrien. Zugleich aber richtete er sich nicht gemütlich in dieser Welt ein. Er war ein Wanderprediger und hatte keine bleibende Stätte. Er neigte sich der Erde zu und erhob zugleich sein Herz zum Himmel. Der Mensch, der die Begegnung mit ihm sucht, wird befähigt, die Verbindung von Sinnlichem und Übersinnlichem existenziell zu vollziehen. Er wird Eucharistie, Danksagung (!), würdig und recht zu vollziehen, ja mehr noch, *zu werden* verstehen.

Die Liebe zum Göttlichen in unserem Körper

von Willigis Jäger und Christoph Quarch

Vielleicht ist es heute nötiger denn je, den Körper in seiner spirituellen Dimension wiederzuentdecken. Nichts ist uns näher als der eigene Körper – denn bei Licht besehen *sind* wir viel mehr unser Körper, als dass wir ihn *hätten*. Wenn wir unser Körper sind, dann ist jede Veränderung und Entwicklung unseres Seins immer auch eine Entwicklung und Veränderung unseres Körpers. Und umgekehrt ist jede Arbeit an unserem Körper immer auch eine Arbeit an unserem Sein. Vor allem aber ist der Körper Ort und Instrument von Erfahrungen. Erfahrung hat immer eine körperliche Komponente, sie betrifft den Menschen in seiner Ganzheit. Wir erfahren die Welt, indem wir uns durch sie bewegen, indem wir sie erfühlen, ertasten, erspüren. Erfahrung ist sinnlich – in ihr erschließt sich Sinn durch die Sinne, körperlich. Einer Grundschule des religiösen Sinns muss es deswegen darum zu tun sein, den Sinn für Erfahrungen zu schärfen. Denn je schärfer unser Sinn für Erfahrungen, desto eher werden wir auch tatsächlich Erfahrungen machen. Und je mehr Erfahrungen wir machen, desto tiefer werden sie sein, bis sie spirituelle Erfahrungen im vollen Sinne des Wortes sind – Erfahrungen, in denen die Präsenz des Göttlichen uns ganz durchdringt. Manchen werden solche Erfahrungen gleichsam spontan geschenkt, andere müssen einen langen Bildungsweg durchlaufen, bis sie ihnen zuteil werden. Geschenk sind sie immer. Sie sind uns nicht verfügbar. Aber die Empfänglichkeit kann entwickelt werden. Und die Entwicklung der Empfänglichkeit kann nirgends anders als beim Körper ansetzen. Ihr Ziel ist es, den Körper und seine Sinne als Medium und Ort von spirituellen Sinnerfahrungen zu Bewusstsein zu bringen und zu kultivieren, um auf diese Weise die Empfänglichkeit für die Dimension des Göttlichen im Menschen auszubilden. [...]

Viel wichtiger als die Askese ist die Liebe zu unserem Körper – genauer: die Liebe zum Göttlichen in unserem Körper. Liebe trifft das richtige Maß und hilft uns, beide Extreme zu vermeiden: die Überbewertung unseres Köpers ebenso wie seine Verachtung. Wenn wir von Liebe zu unserem Körper durchdrungen sind, dann werden wir unsere körperlichen Aktivitäten achtsam und bewusst verrichten, ob dies nun das Putzen, das Gärtnern, das Joggen, das Schminken, das Saunieren ist oder was auch immer. So geht es ja auch beim Sport gar nicht so sehr um die bloße Körperkraft, sondern um den ganzen Menschen. Manche Menschen meinen, wenn sie es nicht zu einer Meisterschaft brächten, sollten sie den Sport lieber gleich lassen. Der Sport aber ist nicht der Meisterschaft wegen da. Und ebenso wenig ist er ein Allheilmittel zur Gesundwerdung – eine Art Wunderdroge. Ein falsches Verhältnis von Fitness und Sport führt am Ende nur dazu, dass derjenige, der sich am meisten quält, die besten Ergebnisse erzielt. Das aber kann es nicht sein. Sport sollte physische und psychische Selbsterfahrung bringen und zur Freude und Lebenssteigerung führen.

Das gleiche gilt von der Sexualität. Es kann kein Zweifel daran bestehen, dass auch unsere Sexualität einen spirituellen Aspekt hat. Das heißt aber nicht, dass die Sexualität vergeistigt werden müsste und in ihren „fleischlich" handfesten Ausformungen negativ einzustufen wäre. Wohl aber bedeutet es, dass die Sexualität des Menschen das Potenzial hat, den Körper in eine geistige Offenheit hinein zu entfalten und damit über den reinen Geschlechtsakt hinaus in eine Erfahrung der Einheit mit allem Seienden zu führen vermag. Das Wissen um diesen mystischen Aspekt der Sexualität ist im Westen allerdings verloren gegangen. Im Tantrismus jedoch scheint es weiterhin Bestand zu haben. Und auch die Tradition des Zen weiß von Meistern wie Ikkyo zu berichten, denen es gelungen ist, die Sexualität in ihren Übungsweg zu integrieren. Auch die jüdische Mystik hat verschiedentlich das Hohelied als einen Hymnus auf die spirituelle Dimension der geschlechtlichen Liebe gefeiert.

Vielleicht entdecken auch wir diese subtilen Formen des Eros wieder. Der Mensch öffnet sich mehr und mehr zum Universellen hin. Damit ist nicht eine Mutation gemeint, die zur Durchgeistigung des Menschen und des Kosmos führt, sondern ein wachsendes Bewusstsein für Erfahrungen und Erlebnisse, die aus dem physischen und psychischen Erleben kommen, dann aber das physische und psychische Erleben weit überschreiten. Vermutlich hat Paulus das gemeint, als er vom Leib als Tempel Gottes und von der Verherrlichung Gottes in unserem Leib sprach: Wir werden nicht aus den Dingen heraus geführt, sondern aus der Verhaftung an die Dinge, damit wir Gott in den Dingen ergreifen und erfahren können – oder, wie Eckhart sagt: damit wir Gott in unserem Leib erfahren können.

[…]

„Alle Gelegenheiten und Mittel, die dir helfen, das heilige Gefäß deines Körpers zu durchlichten und ihn für die Transzendenz zu öffnen, solltest du dankbar nutzen", sagt die Yoga-Lehrerin Barbara Schenkbier[1]. Und so gibt es Frauen, die sich mit ihrem Kajalstift, ihrer Schminke und ihrem Rouge jeden Morgen aufs Neue ein großes „Ja" ins Gesicht schreiben – ein „Ja" zu ihrem Leib, den sie als eine Ausdrucksform Gottes erfahren und wertschätzen gelernt haben. Wenn sie sich schminken und „schön machen", dann geht es ihnen darum, eine innere Harmonie, ein Sich-im-Einklang-Befinden, nach außen sichtbar zu machen. Dies ist dann kein Geschäft der Eitelkeit, sondern ein religiöser Akt. Schminken wird zum Gebet – „sich schön machen" zum Gottesdienst.

Es ist ja auch kein Zufall, dass in allen Religionen und Kulturen das „Sich-schön-Machen" in kultischen Zusammenhän-

[1] Barbara Schenkbier: Die Vision vom göttlichen Menschen. Eine spirituelle Weg-Begleitung in das neue Jahrtausend, Petersberg 2000, S. 240.

gen auftritt: von den Bemalungen der Schamanen beim Ritual über den aufwändigen Putz balinesischer Tempeltänzerinnen bis zu den Prunkgewändern katholischer Bischöfe. Wo Menschen sich als Gefäße Gottes, als Tempel des Heiligen Geistes verstehen – oder so verstanden werden wollen –, da ist es ganz selbstverständlich, dass sie Kosmetik an sich betreiben. Denn der Glanz des Göttlichen soll an ihnen sichtbar werden. In derselben Überzeugung hat man überall auf der Welt und in der Geschichte Gott oder den Göttern die schönsten und prunkvollsten Tempel errichtet. Die letzte Blüte hatte dieser Drang nach Schönheit in der Barockzeit, die ihre Kirche mit Gold und Glanz überzog. Kein Geld war zu teuer, wenn es darum ging, durch die besten Meister der Zeit eine Kirche ausmalen zu lassen. Und dies soll für das Anmalen das eigenen Gesichts, das doch auch ein Tempel Gottes ist, nicht gelten dürfen?

Wenn orthodoxe Mönche eine Kirche ausmalen, dann tun sie dies in der Haltung eines Gebetes. Denn sie wissen, dass sie einem Gotteshaus die ihm gebührende Schönheit zuteil werden lassen wollen. Ebenso kann jede Frau, die sich morgens vor dem Spiegel „anmalt", jeder Mann, der sich sorgfältig rasiert, dies in dem Bewusstsein tun, einem „Tempel Gottes" die gebührende Schönheit zu verleihen. Dann ist Schminken ein Gebet. Aber mehr noch: Schminken wird dann auch zu einem Akt der Liebe – nicht der Selbstverliebtheit, sondern der Liebe, wie sie aus der Erfahrung und dem Bewusstsein des Eins-Seins erwachsen kann. Diese Liebe ist so umfassend, dass sie auch vor dem eigenen Leib nicht Halt macht. Sie drängt darauf, dem Körper etwas Gutes zu tun, ihn zu pflegen, ihn schön zu machen. Kosmetik wird ihr geradezu zu einer Pflicht, die sie dankbar jeden Tag aufs Neue *erfüllt* – im doppelten Sinn des Wortes.

Nun ist den wenigsten Menschen eine solche Erfahrung der Einheit und der mit ihr einhergehenden umfassenden Liebe zuteil geworden; aber gerade deshalb kann man umgekehrt seine tägliche Körperpflege als eine Einübung in die Liebe verstehen, bei der einem von Tag zu Tag mehr von ihr zuteil wird.

Achtsamkeit auf den Körper – Meditation

von Thich Nhat Hanh

Diese Übung ist eine Liebesmeditation für den Körper. Zunächst erscheint sie vielleicht zu einfach. Aber wenn wir eine Weile mit ihr vertraut sind, merken wir, wie wichtig sie ist.

Zuerst erkennen wir jeden Bereich unseres Körpers an und lächeln ihm zu: Augen, Ohren, Blut, Knochen, Herz, Milz, Leber und so weiter. Unser Lächeln kann besänftigen und heilen. Es drückt Fürsorge und Zuneigung für den Körper aus. Mit wachsender Erfahrung werden wir jeden Teil unseres Körpers klar und tief wahrnehmen können. Jedes Haar auf unserem Körper, jede Körperzelle enthält Informationen, um das ganze Universum zu formen, ist eine Botschaft des Universums.

Die folgenden Leitsätze können uns bei der Meditation unterstützen. Wir können sie ein- und ausatmen oder wir lassen sie während des bewussten Atmens in unseren Geist einsinken.

Wir nehmen eine stabile Sitzhaltung ein und machen uns zunächst ganz die Präsenz unseres Atems bewusst. Dann üben wir ein Halblächeln.

Einatmend werde ich mir meines ganzen Körpers bewusst.
Ausatmend lächle ich meinem Körper zu.

Einatmend bin ich mir der Haare auf meinem Kopf bewusst.
Ausatmend lächle ich den Haaren auf meinem Kopf zu.

Einatmend bin ich mir meiner Augen bewusst.
Ausatmend lächle ich meinen Augen zu.

Einatmend bin ich mir meiner Ohren bewusst.
Ausatmend lächle ich meinen Ohren zu.

Einatmend bin ich mir meiner Zähne bewusst.
Ausatmend lächle ich meinen Zähnen zu.

Einatmend bin ich mir meiner Schultern bewusst.
Ausatmend lächle ich meinen Schultern zu.

Einatmend bin ich mir meiner Hände bewusst.
Ausatmend lächle ich meinen Händen zu.

Einatmend bin ich mir meiner Lungen bewusst.
Ausatmend lächle ich meinen Lungen zu.

Einatmend bin ich mir meines Herzens bewusst.
Ausatmend lächle ich meinem Herzen zu.

Einatmend bin ich mir meiner Leber bewusst.
Ausatmend lächle ich meiner Leber zu.

Einatmend bin ich mir meiner Knochen bewusst.
Ausatmend lächle ich meinen Knochen zu.

Einatmend bin ich mir meiner Muskeln bewusst.
Ausatmend lächle ich meinen Muskeln zu.

(Hier können Sie noch weitere oder andere Bereiche des Körpers anschließen.)

Einatmend werde ich mir meines ganzen Körpers bewusst.
Ausatmend lächle ich meinem Körper zu.

Schönheitstipp: Wärme im Winter!

von Liane Dirks

Meine Großmutter hatte in den berüchtigten Goldenen Zwanzigern, den Roaring Twenties, einen Schönheitssalon. Wellness war damals schon en vogue, und zwar für beiderlei Geschlecht. Man trug Masken auf, massierte und enthaarte, legte Wert auf bewusste Ernährung und trieb Gymnastik. Schönheit, so wusste man, kommt von innen. Aber auch die Natur und die Abfolge der Jahreszeiten spielten dabei eine große Rolle. Das berücksichtigte meine Großmutter bei allem, was sie tat und empfahl, in hohem Maße.

Weil uns der November hart hernimmt, soll man sich in diesem Monat Gutes tun, denn nur ein entspannter Mensch kann schön sein, und dafür ist Wärme wichtig. Meine Großmutter zog die sanfte Wirkung eines Dampfbades den stärker stimulierenden Effekten eines Saunagangs vor. Bei einer Temperatur von 35 °C bis 55 °C und einer Luftfeuchtigkeit von nahezu einhundert Prozent wirken Dampfbäder entkrampfend und regenerierend, zudem reinigen sie und pflegen in einem. Besonders wohltuend wirken sie auf Schleimhaut und Atemwege, mit Zusätzen von Eukalyptus kann man den Effekt noch verstärken. Dass der Stoffwechsel angeregt wird, lässt sich insbesondere im Gesicht, an Hals und Dekolleté ablesen. Nach einem Dampfbad soll man ruhen, eine ideale Zeit, um die noch feuchte Haut, die nun besonders aufnahmebereit ist, mit einem guten Öl zu verwöhnen.

Verwenden Sie Sesamöl, es ist das Universalgenie unter den Ölen. Es strafft, glättet, beruhigt und hinterlässt einen sanften Schimmer auf der Haut. Damit Sesamöl länger haltbar bleibt, können Sie es selbst „medizinieren". Erhitzen Sie das Öl (aus Bio- oder Asialäden) kurz auf einhundert Grad, lassen Sie es abkühlen und füllen Sie es in dunkle Flaschen. Vor jedem weiteren Gebrauch sollte man es stets vorsichtig auf Körpertemperatur erwärmen. So nutzt man es auch in der indischen Ayuveda-Anwendung. Bei einem Gang ins Dampfbad nehmen Sie Ihr kleines Fläschchen zu diesem Zweck gleich mit. Ölen Sie nach dem Duschen den Körper gut ein, erst zum Schluss sind die Füße dran. Massieren Sie sie gut durch: Wollsocken drüber und dann auf die Ruheliege. Die Wirkung ist phänomenal, Sie werden auf angenehmste Weise wohlig warm und müde. Zudem trinkt die noch feuchte Haut das Öl regelrecht. Für die Gesichtspflege im November empfahl meine Großmutter Mandelöl. Es ist reich an Vitaminen und Proteinen, nährt also die Haut besonders gut.

Haben Sie sich spröde, rissige Hände bei der Gartenarbeit geholt? Reinigen Sie sie mit einem Brei aus einem Esslöffel Olivenöl, vermengt mit einem Esslöffel Zucker. Die Hände gründlich einmassieren, anschließend mit lauwarmem Wasser abspülen. Danach tragen Sie das pürierte Fruchtfleisch einer Papaya auf und lassen es eine Viertelstunde einwirken. Ein guter Schutz gegen Kälte und Trockenheit. Auch Altersflecken werden mit dieser Maske abgemildert. Hände erzählen viel vom Leben und vom Wesen eines Menschen, sie sind Ausdruck ungeschminkter Schönheit. Wir sollten unsere Hände wertschätzen, sie sind unsere Visitenkarte.

☆☆☆

Lob sei dir, dass du mich erschaffen hast.

Klara von Assisi

Zärtlich

von Anselm Grün

Wenn ich eine Blume zart streichle, wenn ich mich im Wind streicheln lasse, dann kann das zu einer genauso intensiven Erfahrung der Liebe werden wie menschliche Berührung. Es kommt nur darauf an, dass ich an die Liebe Gottes glaube, die mich durch die Schöpfung umarmen möchte, und dass ich sie leibhaft zulasse.

Es gibt Menschen, denen man an ihren Augen ansieht, dass sie voller Liebe sind, dass sie ganz und gar durchlässig sind für die göttliche Liebe. Diese Menschen sind nicht verliebt in einen andern, sie strahlen in ihrem ganzen Dasein Liebe aus.

Ihre Liebe gilt jedem Menschen, dem sie begegnen. Sie können sich jedem mit ungeteiltem Wohlwollen zuwenden. Ihre Liebe gilt den Tieren, den Pflanzen, einer Statue, einem Bild, der Musik. Sie gilt jeden Augenblick. In ihrer Nähe fühlt man sich wohl.

Sie strahlen die Liebe aus. Man kann es nicht genau beschreiben, was da in uns vorgeht, wenn wir solchen Menschen begegnen. Aber irgendwie fühlen wir uns angenommen, ernst genommen, geachtet, geliebt. Unser Herz taut auf. Wir fühlen uns frei. Wir müssen nichts mehr verbergen. Wir dürfen so sein, wie wir sind. Ihre Hände haben etwas Zärtliches an sich. Ihre Augen sind eine Einladung, einfach zu sein.

Satt von Gutem

aus Psalm 104

Gras lässt du sprossen dem Vieh,
Gewächse, dass sie dienen dem Menschen,
dass er gewinne aus dem Boden das Brot
und Wein, der das Herz ihm erfreut,
er salbe sein Antlitz mit Öl,
dass erstarke des Menschen Herz durch das Brot.
Auch die Bäume des Herrn, sie trinken sich satt.
Wie vielgestaltig sind deine Werke, o Herr!
Alles hast du geschaffen in Weisheit,
erfüllt ist die Erde von deinen Geschöpfen.
Alle Wesen warten auf dich,
dass du Speise ihnen gibst zur rechten Zeit.
Du spendest ihnen und sie sammeln es ein,
du öffnest deine Hand und sie werden gesättigt mit Gutem.

Wein – Geschenk des Himmels

von Irmtraud Tarr

„Wer nur Wasser trinkt, hat etwas zu verbergen." Baudelaire, von dem dieser Ausspruch stammt, Goethe und viele andere haben deshalb zum Weinglas gegriffen, weil im Genuss von Wein Zeiterfahrungen im wahrsten Sinne des Wortes kostbar werden, die dem Nüchternen entgehen. Schon im Volksmund ist die Wahrheit dem Wein zugeschrieben – übrigens eine Wahrheit aus dem sechsten vorchristlichen Jahrhundert, die mit den Worten „Wein, mein Kind, ist auch Wahrheit" dem Sänger Alkaios zugeschrieben wird. Frei nach dieser Volksweisheit lobt der Giessener Ernährungswissenschaftler Konrad Mengel die Vorzüge kultivierten Weingenusses, der vor allem für Senioren ein echtes Lebenselixier sein kann. Seit einiger Zeit häufen sich die Nachrichten über die gesundheitsfördernde Kraft des Weines. Wein soll Krebs und Herzinfarkt verhindern, Depressionen, aber das versteht sich von selbst, er soll die Verdauung fördern, Schwerhörigkeit, geistiger Schwäche und der Alzheimer Krankheit vorbeugen und sogar gegen Rinderwahn helfen, aber er kann, und das sei nicht verschwiegen, denen, die im Trinken Vergessen suchen, im wahrsten Sinne des Wortes mehr bescheren als erwartet. Alkohol soll nämlich Wissen vernichten, aber dafür leben laut einer Untersuchung dänischer Mediziner Weintrinker länger als Abstinenzler. Wie dem auch sei, ich gehöre zu denjenigen, die die segensreiche Wirkung des Weines mit Genugtuung zur Kenntnis nehmen und die Kunde davon willfährig verbreiten. Welcher Wein im Einzelfall hilft, habe ich vergessen, deswegen trinke ich sowohl weißen als auch roten.

Menschen, denen die Segnungen des Weines fehlen, und Wissenschaftler, die Beweise benötigen, sollten zumindest neugierig werden, wenn es um historische Sachverhalte geht, die in den kostbaren Tropfen eingefangen sind. Jeder Wein kann eine

Geschichte über Klima, Erdbeschaffenheit und Zeit erzählen – die Zeit von Sonnenschein und Regen, die Zeit der Reife, die Zeit der Lese, die Zeit der Lagerung. Im Wein ist Lebenszeit eingefangen. Die Weintrinker sagen, „der Wein hat Körper", den man nur genießen kann, wenn man sich Zeit nimmt. Im Wein wird Zeit direkt schmeckbar und damit kostbar. Der erste Schluck ähnelt dem ersten Kuss, man braucht Zeit, um sich den Geschmack auf der Zunge zergehen zu lassen, und man braucht Geduld und Erfahrung, um ein Kenner zu werden.

Im Wort „Schänke" oder „Schenke" klingt noch nach, dass der Wein ursprünglich als Geschenk des Himmels betrachtet wurde. Dass die Liebe zur Schöpfung durch die Sinne gehen kann, davon berichtet auch Nikolaus von Kues, der in einer seiner Predigten sagte: „Gott wird irgendwie wie Wein erkannt: durch Hören, durch Sehen und durch Schmecken." Alle Sinne werden im „Verkosten" (wie es die Winzer nennen) des Weines angesprochen, nicht nur der Gaumen, auch die Augen und die Ohren. Das Schönste, was er uns vermittelt: nur gute, liebevolle Menschen sind zum vollen Auskosten des Weines fähig. Vielleicht tranken die Mönche deshalb täglich Wein. In der alten Welt war der Wein das Getränk schlechthin, er war Stärkungsmittel, Heilmittel, Desinfektionsmittel und Trägersubstanz zur Herstellung von Kräuterweinen. Die Anspielungen in der Bibel und die Lobeshymnen der Literaturen würden selbst ohne Wein wonnetrunken machen. Die zum Wein geäußerte Wahrheit verrät zumindest eines: Wein löst die Zunge, die menschlichen Kontrollen, Schranken und die Gefäße. Wein versöhnt mit den Mühsalen, Hässlichkeiten und Entbehrungen des Tages. Entspannung und Friede kehrt ein, die Seele bekommt Flügel, und die Zeit bleibt stehen. Im Wein wird die Zeit zu unserem Freund und Geschenk. Ein Geschenk der Natur, die unsere Liebe und Ehrfurcht verdient.

Wein gehört zu den wenigen Genussmitteln, die Zeit brauchen und mit dem Alter besser werden – oder zumindest besser werden können. Zeit und Geduld braucht der Weinkenner, zuweilen machen erst Jahrzehnte aus einem guten Tropfen ein edles und kostbares Getränk. Was haben wir heute zu verzeichnen? Schnelle Weine und schnelle Menschen, wie Karlheinz Geißler süffisant konstatiert, die nach neuestem Modetrend stehend mit dem Handy am Ohr rasch einen Prosecco hinunterspülen. Statt Ritual und Genuss – die süffige Lehre vom Hier und Jetzt, von Beschleunigung und Effizienz.

Schon Paracelsus wusste „... allein die Dosis macht, dass ein Ding kein Gift ist". Niemandem soll verwehrt werden, den Wein vorwiegend als Arznei anzusehen, deren Wirkung ja allesamt nur in der richtigen Dosis besteht. Aber es gibt eben noch ein sinnlicheres Motto für den Weingenuss als „sanitas", und der heißt „felicitas". Deswegen gilt beim Weingenuss: Nicht die Masse, sondern die Muße zählt. Wer leben will wie ein Gott, darf nicht schnell trinken, der muss seine Göttlichkeit dadurch beweisen, dass er sich die Zeit des Genusses nimmt. Nur der langsame, zärtliche Genuss lässt etwas von dem erahnen, wonach wir uns alle sehnen: ein Stückchen Paradies.

Wenn Sie mit frischen Sinnen und bestem Gewissen ein Glas Wein genießen wollen, dann versuchen Sie dies:

Verzichten Sie hin und wieder für eine Zeit lang auf Ihr geliebtes Glas Wein. Zelebrieren Sie es danach zu einem von Ihnen festgelegten Zeitpunkt ganz bewusst – am besten mit einem vertrauten Menschen, der die Freude mit Ihnen teilt. Sie werden merken, dass sich Ihren frischen Sinnen ein wahres Stückchen Paradies bietet, in dem man am liebsten baden würde.

Mein erstes Glas Wein in meinem Leben hat mir mein Vater selbst eingeschenkt. Mit Dankbarkeit möchte ich diese Anregung an Eltern weitergeben, weil dieser kleine Initiationsritus ein bedeutungsvoller Schritt zum Umgang mit Genuss und Zeit sein kann. Vom ersten Glas Wein aus der Hand der Eltern kommt symbolische Wirkung, die uns später begreifen lässt: Wein ist ein Geschenk der Götter.

Geburtstagsschmaus

von Matthias Claudius

Um zwölf Uhr ward zur Tafel geblasen, und weil gerade keine Trompeten und Pauken zur Hand waren, musste ich's auf'm Triangel tun. Die Tafel war von acht Couverts und drei Gängen. Zuerst Reisbrei in einer großen Schale mitten auf dem Tisch und nach kurzer Weile auch auf acht Teller rund um die Schale; denn kam Butter und Kalbfleisch; und zuletzt Kuchen. Du siehst draus, dass wir hoch schmausten; zugleich kannst Du aber daraus sehen, dass der *Luxus* seit Abrahams Zeit um ein Drittel gestiegen ist. Mein Vetter spendierte auch einige Flaschen guten Wein, die denn gewaltig wirkten und vor Gesundheiten, die aus dem Munde herauskamen, kaum hineinkommen konnten.

☆☆☆

Was ist klein, schwarz, süß und stark? Der Duft schon untrüglich: Espresso-Euphorie kündigt sich an! Oder warten magische Mocca-Momente? Ist's bitterweiches heißes Kaffeeglück, das den Pulsschlag beschleunigt? Der klassische Cappuccino – weiße Schaumseligkeit über schwarzer Tiefe? Oder die hippe, lattelustige sanfte Milchigkeit?

Fast egal.

Fast egal auch ob Becher, Tässchen oder Mug. Ob morgens als Erstes, ob gegen elf, um dem Vormittag den letzten Rest Schwung zu geben, ob mittags oder Mitternacht. Ob nach dem Essen, zu Keks oder Kuchen, mit Brioche, Leberwurstbrot oder pur ganz heiß.

Die Nase weiß es. Die Lippen fühlen's, die Zunge schmeckt's, und ich spüre: Kaffeeglück!

Gabriele Hartlieb

Dick oder dünn – Danke

von Gabriele Hartlieb

Danke für alle Frauen,
die sich nicht unter Druck setzen lassen von Botox,
plastischer Chirurgie und Anti-Age-Versprechen.
Danke für alle, die sich mehr um sich kümmern
als um ihr Gewicht, mehr um andere als um ihre
Frisur.
Lob für die, die wissen,
dass ihr Lachen in der Jugend ihr älteres Gesicht
strahlen lässt,
dass Mitgefühl schön macht,
dass das Glück und die Tränen,
die Wut und die Begeisterung ihr Gesicht lebendig
halten.

Dank für die, die sich über ihren Geburtstag freuen.
Lob für alle, die sich zeigen, dick oder dünn.
Danke für alle, die sich gut anziehen.
Danke, dass das Leben Spuren hinterlässt
in unserem Geist und unserem Körper.
Für die Anmut des Alters.

Du erstaunlicher Gott findest uns schön.
Lass uns das auch sehen.

☆☆☆

Die Dinge, von denen wir eigentlich leben, können wir nicht kaufen, herstellen oder verdienen, nicht die Liebe, nicht die Freundschaft, nicht die Vergebung, nicht unsere eigene Schönheit.

FULBERT STEFFENSKY

Vor dem Spiegel

von Milena Lange

Ungnädig. Ich bin heute ungnädig zu mir. Die Längsfalten an der Oberlippe sind auch mit dem Schlafen nicht verschwunden. Am Rande der Stirn entpuppen sich zwei Pickel. Die Augen blicken fahl in den Spiegel. Und das an diesem so wichtigen Tag. Ein entscheidender Gesprächstermin steht an. Da bleibt nur ein eiliges Belebungsprogramm: Dusche, kalter Guss, Zähneputzen, Creme auf die Haut, fürs Gesicht ein Extra-Wasser und ein Extra-Cremchen. Als ich dann dem Wintergrau Abhilfe schaffen will, bin ich geneigt, kräftig zuzukleistern: mit Make-up, Puder, Rouge, Lippenstift, Wimperntusche. Wenn alles fertig ist, sieht wenigstens keiner, wie es wirklich um mich bestellt ist. Dann bin ich wenigstens nach außen schön.

Das morgendliche Ritual vor dem Spiegel ist in manchen Wochen das einzig kontinuierliche in meinem Leben. Dann, wenn so viel Arbeit ist, dass es kaum gelingt, sich Zeit für einen Spaziergang oder eine halbe Stunde Yoga herauszuschneiden. Wie hilfreich wäre es, wenn sich diese kosmetischen und der Körperpflege dienenden Handgriffe zur spirituellen Übung eignen könnten. Doch ich bin nicht sehr zuversichtlich: Vor dem Spiegel bin ich oft viel zu kritisch, bin gegen mich. Will mich verstecken: Meine Abgründe mit der Schminke verhüllen.

Hinzu kommt, dass die Gedanken so schnell wegfliegen und sich um den begonnen Tag drehen. Da kommt innere Ungeduld auf – sogar schon bei den paar Minuten Zahnpflege. Eine Freundin hat einmal angeregt, man müsse eine Zahnputzmaschine erfinden, die einem die beiden Hände freihält und ermöglicht, während des Zähneputzens noch etwas anderes, Sinnvolles zu tun. Ich gebe zu, ich habe auch an manchen Vormittagen versucht, während des Zähneputzens die Rollos hochzuziehen. Aber das führt nur dahin, dass das Rollo sich verkantet und die Zahnpasta aus dem Mund tropft. Achtsamkeit bleibt dabei auf der Strecke.

Und dann frage ich mich wieder: Wozu diese Eile? Ich könnte mich morgens über meinen Körper freuen, ihn liebevoll im Spiegel ansehen. Das Hegen und Pflegen genießen. Soll ich es einer Maschine überlassen, für mich, das Wertvollste, das ich habe, zu sorgen? Gerade wenn ich viel zu tun habe und die Eile des Tages dabei ist, mich zu tyrannisieren, könnte ich mir diese Minuten für mich nehmen, um mir bewusst Gutes zu tun.

Als ich einmal Gelegenheit hatte, die Gründerin der ersten Schönheitsfarm Europas, Gertraud Gruber, kennenzulernen, hat sie mir verraten, dass für das strahlend schöne Aussehen einer Frau der harmonische Einklang von Körper, Seele und Geist maßgeblich sei. Aus dieser Erkenntnis heraus hat die heute 82-Jährige ein ganzheitlich wirkendes Schönheitsprogramm entwickelt. Dazu gehören eine gesunde Ernährung, ausgewogene Bewegung, physiotherapeutische Massagen, persönliche Gespräche sowie Yoga, Qi Gong und meditativer Tanz. Dies zusammen, sagt sie, steigere das ganzheitliche Wohlbefinden der Frauen und verleihe ihnen eine innere Schönheit, die nach außen strahlt.

Das wünsche ich mir auch, wenn ich morgens vor dem Spiegel stehe. Manchmal ahne ich, dass Kosmetik nicht bei der Frage beginnt, wie ich nach außen wirke. Dann versuche ich mir die Ruhe zu nehmen, die ich brauche, um in mich zu spüren. Ich atme tief ein und aus. An glücklichen Tagen fällt dann die Hektik von mir ab. Und wenn ich dann in den Spiegel schaue, dann nicht so sehr, um mich schön zu *machen*, sondern um mich so zu zeigen, wie ich *bin*.

Ich tanze, wenn du mich führst

von Mechthild von Magdeburg

Ich tanze, Herr, wenn du mich führest.
Soll ich dir springen, musst du anfangen zu singen.
Dann springe ich in die Minne,
von der Minne in die Erkenntnis,
von der Erkenntnis in den Genuss,
vom Genuss über alle menschlichen Sinne.
Dort will ich verharren und doch höher kreisen.

☆☆☆

Seit ich spüre, spure ich nicht mehr.

UTE LAUTERBACH

Optimismus

von Monika Gruhl und Hugo Körbächer

Beatrix streift sich das Lauftrikot über. Der Arbeitstag an der Kasse des Supermarkts war lang und anstrengend. Aber bald hat diese Arbeitsstelle ein Ende. Sie wird eine Ausbildung zur Verwaltungsfachangestellten beginnen. Die meisten ihrer Kolleginnen haben große Augen gemacht, als sie das erfahren haben. Ausgerechnet die stille Beatrix. In diesem Kreis ist sie eine Außenseiterin. Man weiß nur, dass sie ziemlich viel Sport macht, es macht sich aber keiner die Mühe, Näheres herauszufinden. Lieber lästern die Kolleginnen über ihre ungeschminkte Aufmachung oder hänseln sie, weil sie keinen Freund hat. Dass Beatrix sich in den drei Jahren, die sie schon dabei ist, persönlich sehr entwickelt hat, ist keiner aufgefallen.

Noch ist es hell genug, um eine ausgiebige Trainingsrunde zu laufen. Im Verein gilt Beatrix als Topfavoritin für den diesjährigen Stadt-Triathlon. Sport spielt eine ganz wichtige Rolle in ihrem Leben. Ohne ihn wäre sie heute wahrscheinlich immer noch das eingeschüchterte Mädchen, das ein leichtes Opfer für Hänseleien abgibt und sich trotz ihrer Zuverlässigkeit und Bereitwilligkeit in der Schule und bei der Arbeit nichts zutraut. Inzwischen aber hat Beatrix einen Wettbewerb nach dem anderen gewonnen. Das verhilft ihr nicht nur zu einer körperlich präsenten Ausstrahlung. Ihr neues Selbstbewusstsein gibt ihr auch den Mut, sich an anderen Stellen im Verein zu engagieren, wofür sie wiederum viel Anerkennung erntet. So gewinnt sie genug Selbstsicherheit, einen Ausbildungsplatz zu finden und das Bewerbungsverfahren erfolgreich zu durchlaufen. Sie hat während ihrer Arbeit als Kassiererin genug gespart, um ihre erste eigene Wohnung einzurichten. Mit Stolz und Selbstvertrauen startet sie in einen neuen Lebensabschnitt.

Innerer Erlebnisraum

von Klaus Renn

Sie haben innere Augen, innere Ohren, Sie können sich im inneren Erlebnisraum genauso das große Meer wie den Mikrokosmos vorstellen. Sie haben den Zugang zu Ihrer eigenen Vergangenheit und auch die Zukunft können Sie sich, je nach Stimmung, in dunklen oder hellen Farben ausmalen. Im inneren Erfahrungsraum ereignen sich die Träume in der ihnen eigenen Intensität und Bedeutsamkeit. Hier ist der Ort, an dem Sie Ihre inneren Haltungen entdecken und sich von innen her verändern können – in diesem Raum findet Ihr persönlichstes Leben statt. Christliche wie östliche Mystiker behaupten, dass zutiefst in uns sogar so etwas wie das große Geheimnis oder Gott zu finden sei.

Bildlich gesprochen, handelt es sich dabei um den Orchesterraum. Hier sitzen die Musiker, arbeiten und schwitzen, hier wird der eigentliche Taktstock geschwungen. Und wenn Ihnen die Musik nicht gefällt, die Ihr Leben spielt, dann ist hier der Ort, an dem Sie sein sollten. Sich nur über die Musik zu beschweren, andere Noten aufzulegen, andere Konzertbesucher einzuladen oder neue Werbestrategien zu entwickeln nützt vielleicht wenig.

Bitte missverstehen Sie den Begriff „Raum“ nicht im Sinne von „Begrenzung“, im Sinne von Wänden, Boden und Decke. Der Begriff „Erlebensraum“ braucht die Dimensionen eines geöffneten, weiten, unendlichen Raumes, um die Bedeutungen und Möglichkeiten inneren Erlebens zu tragen. Verstehen Sie unter „Erfahrungsraum“ so etwas wie innerer „Erfahrungsweltenraum“ oder wie Rainer Maria Rilke es nannte: den Weltinnenraum.

3 Unscheinbar wertvoll: Sachen finden, Erinnerungen sammeln

Etwas schön finden
heißt ja wahrscheinlich vor allem:
es finden. ROBERT MUSIL

Ofenfreuden

von Doris Bewernitz

Man glaubt nicht, was die Leute alles wegwerfen. Da stehen alte Stühle am Straßenrand, Holzbettgestelle, Kanthölzer, Regale, Schubladen, Dachlatten, Bretter ... ich kann gar nicht so viel tragen, wie ich finde. Von jedem Hundespaziergang komme ich mit irgendeinem Stück Holz unter dem Arm zurück. Das stelle ich unters Dach zum Trocknen. Aus dem wilden Hinterland des Gartens schleppe ich noch junge Birken oder Pappeln heran, die dem Sturm oder dem Sägewahn der Männer vom Grünflächenamt zum Opfer gefallen sind. Oder meine Nachbarn rufen mich, wenn sie einen alten Pflaumenbaum abnehmen müssen, den sie nun loswerden wollen.

Meine Ecke mit den Holzvorräten wächst unaufhörlich. Ist genug getrocknet, greife ich entweder zur Axt oder zur Säge und mache Krach. Ein wunderbar harziger Duft zieht durch den Garten, von der ungewohnten Anstrengung läuft mir der Schweiß aus allen Poren und meine Zufriedenheit wächst proportional zum Brennholzberg. Ich stehe mit den Füßen im Sägemehl und mit dem Kopf in einer Wolke Staub und freue mich. Es gibt nichts Schöneres, als einen Berg Holzscheite vor sich liegen zu haben. Das muss etwas Archaisches sein. Dieses Wohlbehagen angesichts der Gewissheit, dass genug Holz da ist. Dass man immer ein Feuer anzünden kann, wenn einem kalt wird.

In der Weinlaube liegen ringsum drei große Metallspinde, die einerseits als Sitzbänke dienen, andererseits enorme Brennholzmengen fassen. Nach meiner schweißtreibenden Aktion staple ich die zersägten und zerhackten Scheite dort hinein. Dieses Holz wäre zweifellos auf dem Müll gelandet, wenn ich es nicht gefunden hätte. Und da es zum Glück nicht lackiert ist, kann ich es verwenden. Ich kann es noch einmal nutzen.

Wie froh bin ich, dass ich einen Ofen habe! Im Herbst oder Frühjahr ist es mitunter empfindlich kalt in einem ungedämmten Steinhaus. Aber das macht mir nun gar nichts mehr. Ich gehe einfach in die Weinlaube, klappe eine Sitzfläche des Spinds auf, hole eine Kiepe Holz heraus, trage sie ins Haus und fange an zu heizen.

Mein Ofen – ein Allesbrenner aus den sechziger Jahren – möchte mit Sie angesprochen werden. Ungeduld ist bei ihm fehl am Platze. Erst muss ich ihn mit zerknülltem Zeitungspapier füttern, dieses anzünden, ein Minifeuerchen entfachen, die obere Tür schließen, die untere öffnen, warten, dann mehr Knüllpapier hineinwerfen, wieder warten, und das so lange, bis der Schornstein warm ist. Anfangs, als ich den Ofen noch nicht so gut kannte, war ich zu schnell Holz nach und erntete Schwaden blauen Qualms, die durch alle Ritzen drangen, das Zimmer binnen Kurzem undurchsichtig machten und mir die Luft zum Atmen nahmen. Wenn ich aber behutsam vorgehe, lässt er sich überreden, richtig zu funktionieren. Nun darf ich Späne, zerkleinerte Obstkisten und dünne Äste auf das Knüllpapier streuen. Wenn diese angebrannt sind, lege ich Stücke von Leisten oder Dachlatten darauf. Und schließlich, wenn alles schön vor sich hin prasselt und zu einem Bett aus Glut geworden ist, folgen Scheite und dicke Kloben. Die Flammen lecken gierig an ihnen herum, züngeln empor, erfassen und verwandeln sie. Es knackt. Es knallt. Es brennt. Man könnte sich fürchten, wenn man nicht wüsste, dass der Ofen das Feuer gut zusammenhält.

Draußen peitscht der Herbststurm ums Gartenhaus, aber drinnen beginnt sich nun eine wohlige Wärme auszubreiten. Im Bauch des Ofens lodert es vor sich hin, die Flammen knistern und knacken hinter der dicken Eisentür, während glühend rotes Licht durch die Luftlöcher funkelt und zuckende Muster auf Fußboden und Wände malt.

Nun beginnt es zu duften. Nach Lagerfeuer, Rauch, Ferien und heißem Ofenrost. Ich staple Ziegelsteine auf die Ofenplatte, hole drei schöne Äpfel aus der Küche, lege sie in einen Topf und stelle den Topf auf die Ziegel. Bald kann ich meinen dicken Pullover ausziehen. Nicht lange, und die Äpfel fangen an zu singen. Süßer Bratapfelduft zieht durchs Zimmer und kitzelt meine Nase.

Holzwärme ist viel angenehmer als die von Kohlen. Sie ist milder, weniger aufdringlich und wärmt einen bis innen durch. Allerdings muss man auch ständig nachlegen. So können an einem kalten Abend schon mal drei bis vier Kiepen Holz draufgehen.

Wenn die Äpfel fertig sind, lasse ich sie mir schmecken. Anschließend stelle ich einen Topf mit Wasser auf den Ofen, um abends warmes Wasser zum Waschen zu haben.

Ich schaue in die Flammen.

Seit Urzeiten haben Menschen Feuer gemacht. Indem ich Holz finde, zu mir trage, zersäge, zerhacke, verheize, mich daran wärme und dann auch noch die Asche auf meinen Gemüsebeeten verteile, passiert nicht nur eine Menge mit dem Holz, sondern auch mit mir. Ich habe das Gefühl, mich in ein größeres Ganzes einzuordnen. In einen Kreislauf. Sitze ich am Feuer, erlebe ich Wachsen, Werden und Vergehen als etwas Sinnvolles, das über mich hinausgeht und mich einschließt, ich werde Teil eines Musters, das um mich und in mir ist.

Draußen stürmt es, der Wind peitscht ums Haus. Mir aber ist mollig warm, so wunderbar durch und durch, wie einem nur an einem bullernden Ofen sein kann. Als hätte ich selbst das Feuer im Bauch. Jetzt brauche ich frische Luft. Ich ziehe meinen Pullover wieder an, setze die Mütze auf und springe in den Garten. Wie mir der kalte Wind ins Gesicht pfeift! Aber ich lache nur. Wer sich einmal richtig durchgewärmt hat, kann es lange in der Kälte aushalten.

Blaue Hortensie

von Rainer Maria Rilke

So wie das letzte Grün in Farbentiegeln
sind diese Blätter, trocken, stumpf und rauh,
hinter den Blütendolden, die ein Blau
nicht auf sich tragen, nur von ferne spiegeln

Sie spiegeln es verweint und ungenau,
als wollten sie es wiederum verlieren,
und wie in alten blauen Briefpapieren
ist Gelb in ihnen, Violett und Grau;

Verwaschnes wie an einer Kinderschürze,
Nichtmehrgetragenes, dem nichts mehr geschieht;
wie fühlt man eines kleinen Lebens Kürze.

Doch plötzlich scheint das Blau sich zu verstreuen
In einer von den Dolden, und man sieht
Ein rührend Blaues sich vor Grünem freuen.

Brüche und Sprünge

von Gary Thorp

Es heißt zwar, wir lebten in einer „Wegwerfgesellschaft", aber trotzdem ist uns bewusst, dass manche der Dinge in unserem Leben einfach unersetzbar sind: Fotos, die uns teuer sind, bestimmte Geschenke, Kunstwerke usw. Der Buddhismus zeigt, dass in Wirklichkeit nichts ersetzbar ist. Jedes Ding, das wir vor Augen haben, ist kostbar und einmalig; es verfügt über seine ganz eigene Natur und Seele. Und jedes Ding verschwindet zu seiner eigenen Zeit und auf seine eigene Weise. Denken Sie daran: Sie sollen „es zulassen, dass die Dinge sich aufmachen und sich selbst erfahren". Ignorieren Sie die kleinen lästigen Unannehmlichkeiten und Fehler nicht einfach; versuchen Sie nicht, sie abzuschütteln. Es gibt viele sperrige Dinge im Leben, die man gar nicht so leicht los wird. Und es ist ein Unterschied wie Tag und Nacht, ob Sie etwas loslassen oder ob Sie versuchen, es abzustoßen.

Wenn Sie etwas zerbrechen, ist dann Ihr erster Impuls, es wegzuwerfen? Oder reparieren Sie es, aber empfinden einen Stich Trauer, weil es nicht mehr „vollkommen" ist? Im einen wie im anderen Fall dürfte es eine wertvolle Anregung für Sie sein, darüber nachzudenken, wie die Japaner das bei der Teezeremonie verwendete Geschirr behandelten. Es bestand zwar aus ganz einfachen Materialien, aus Ton und Grundglasuren, aber diese Teetassen und Schalen wurden um ihrer klaren Gestalt und spirituellen Qualitäten willen verehrt. Man behandelte sie mit äußerster Sorgfalt, Aufmerksamkeit und Respekt. Aus diesem Grund ging eine für die Teezeremonie verwendete Tasse fast nie in die Brüche. Ereignete sich einmal ein Unfall und eine Tasse zerbrach, so wurde sie in manchen Fällen mit Gold repariert. Statt zu versuchen, sie so wiederherzustellen, dass man nichts mehr sieht, feierte man die Sprünge sogar. Die dünnen

Bruchlinien der Keramiktasse wurden mit schimmerndem Gold verstärkt, so dass es ganz augenfällig wurde, dass die Tasse zerbrochen war und repariert wurde. Das wurde zum deutlichen Hinweis auf ihre Hinfälligkeit und Vergänglichkeit und machte sie sogar noch wertvoller.

Gewöhnlich neigen die Menschen dazu, ihre Fehler zu vertuschen und Zerbrochenes genau so wiederherzustellen, wie es vorher war. Sie tun damit so, als sei alles wieder wie früher und ihr Herz habe keinen Riss erfahren. Tatsächlich zerbrechen die Dinge. Sie zerschmelzen. Gelegentlich enttäuschen sie einen gewaltig. Und im Lauf der Zeit brechen auch Sie und werden ganz anders. Versuchen Sie also lieber, aus Ihren Erfahrungen zu lernen und diese mit anderen zu teilen, statt zu verbergen, dass auch Sie nur ein Mensch sind.

Wir mögen die neuen Gegenstände besonders wegen ihrer Frische. Sie haben eine Kraft und Stärke, die alten, abgenutzten Dingen abgeht. Jedoch sind es das Altern und das lange Gebrauchtwerden, was Gegenständen genau wie Lebewesen ihren unverwechselbaren Charakter gibt. Ein vielbenutztes Werkzeug liegt einem besonders weich und griffig in der Hand; die alte, bequeme Jacke sitzt einfach besser als eine neue, und manches Buch hat man schon oft zur Hand genommen und es ist einem zum lieben Gefährten geworden. Bei einer alten, knorrigen Eiche tut man sich ziemlich leicht, sie zu schätzen. Doch wir können auch die Risse und Nähte und abgewetzten Oberflächen anderer Gegenstände anschauen und daran denken, wie lange sie schon ihre Dienste geleistet haben und ihre ganz eigene Schönheit erkennen. So können wir die Dinge so schätzen, wie sie sind.

Gegenstände

von Herta Müller

Immer waren mir die Gegenstände wichtig. Ihr Aussehen gehörte zum Bild der Menschen, die sie besaßen, wie die Menschen selbst. Sie gehören immer zu dem, was und wie ein Mensch war, untrennbar dazu. Sie sind der äußerste von der Haut weggehobene Teil der Personen. Und wenn sie länger als ihre Besitzer leben, wandert die ganze abwesende Person in diese dagebliebenen Gegenstände. Als mein Vater tot war, überreichte mir das Krankenhaus seine Zahnprothese und seine Brille. Zu Haus in einer Küchenschublade zwischen dem Besteck lagen seine kleinsten Schraubenzieher. Solange er lebte, sagte meine Mutter alle paar Tage, Werkzeug gehört dort nicht hin, er solle es wegräumen. Als er tot war, blieb es noch Jahre dort liegen. Da war der Anblick der Schraubenzieher meiner Mutter recht. Wenn ihr Besitzer schon nicht mehr am Tisch saß, sollte wenigstens sein Werkzeug beim Besteck sein. Es kam eine Scheu in ihre Hände, großzügige Ausnahmen unterwanderten ihren Ordnungssinn. Jetzt dürfte er, dachte ich mir, statt mit Messer und Gabel mit seinen Schraubenziehern essen, wenn er an diesen Tisch zurückkehren würde. Aber auch die sturen Aprikosenbäume im Hof genierten sich nicht zu blühen. Man verteilt Gefühle ja oft auf seltsame Weise nach außen. Auf einige wenige Gegenstände, die sich ohne Grund dafür eignen, das Erinnern im Kopf zu verdeutlichen.

Kleines Liebeslied

von Detlev Bock

Du hast meine Mütze auf
meine weiße Mütze
vom Seeurlaub vergangenen Jahres.

Sie steht dir gut
und erinnert an das Glück in den Dünen.

Während du
in der Hörzu blätterst
sehe ich dich lange von der Seite an.

Mit einem Mal weiß ich,
warum ich die Mütze so liebe.

Sie ist zur Stunde
das Einzige,
was mir an dir gehört.

Kostbar und zerbrechlich

von Regina Ammicht Quinn

Wer lebt, kennt Scherben. Ein unachtsamer Griff oder ein plötzlicher Windstoß, ein Stolpern oder eine eifrige Kinderhand, Wut oder Schwäche – und das vormals Ganze liegt in Stücken, in Scherben.

Wie schön, lieb gewonnen oder wertvoll die Dinge auch sein mochten – ihre Scherben sind harmlos im Vergleich zu all dem anderen, was in Scherben liegen kann: Städte und Länder, sichtbar zerbrochen und zerstört; Lebenspläne, Berufspläne, Beziehungen, deren Scherben häufig unsichtbar sind. Glück zerbrochen wie Glas.

In meinem Leben gibt es Scherben, über denen ich gelacht und Scherben, über denen ich geweint habe; auch anhand der Scherben lässt sich ein Leben zusammensetzen. Da gibt es die Scherben des Kindertellers unserer ältesten Tochter, des Tellers, aus dem sie ihren ersten Brei gegessen hat und der mir nach der Diagnose einer bedrohlichen Krankheit aus der schmerzenden Hand rutschte, Scherben zum Weinen auf dem Küchenboden, bei denen zwischen dem zerborstenen Porzellan auch die Scherben einer Zukunftsvorstellung und eines Selbstbildes lagen.

Da gibt es die Scherben einer Teekanne, Geburtstagsgeschenk einer Freundin, einer notorischen Unterverpackerin von Postpaketen (im Gegensatz zu all den Überverpackern, die auch für Unzerbrechliches Mengen an Füllmaterial verbrauchen), Scherben, die sich schon vor dem Öffnen des Pakets klappernd ankündigen, Scherben zum Lachen. Von ihnen habe ich eine aufbewahrt. Heute ist diese Scherbe ein *symbolon,* und eigentlich sollte ich sie noch einmal auseinander brechen: Im antiken Griechenland zerbrach man eine Tonplatte, und zwei Menschen behielten je einen Teil, eine Scherbe, ein *symbolon*. Diese beiden Scherben werden immer ineinander passen; damit waren sie in

Zukunft auch für die Söhne und Töchter ein Erkennungs- und Beglaubigungszeichen der Freundschaft. Auch in meiner Scherbe liegt Erkennen und Erkenntnis: Erkenntnis der Freundschaft.

Manche Scherben haben eine eigene Schönheit.

Auf einer antiken Scherbe aus Ägypten sehen wir die Tänzerin, die seit mehr als dreitausend Jahren, leicht und schön, mit großen Händen und Füßen und einer Überfülle von Haar kopfüber und mit graziler Leichtigkeit mitten im Sprung verharrt und gleich, jetzt gleich, weitertanzen wird, lebendiger als wir es je sein könnten.

Sie ist von fremder, strahlender Schönheit, diese Tänzerin – und die Scherbe selbst ist schön. Die Schönheit dieser Scherbe ist eine melancholische Schönheit, Erinnerung an das verschwundene Ganze. Zugleich aber ist sie mehr als ein Verweis auf Verlorenes. Sie steht für sich. Gerade das Bruchstück bekommt eine eigene Lebendigkeit und Kostbarkeit. Die Tänzerin steht nicht in einer Gruppe anderer Tänzerinnen, tanzt nicht endlos im endlosen Tun des Tongefäßes, sondern für sich und damit in besonderer Weise für uns.

Scherben wie diese deuten auf ein Ganzes hin, sie sprechen von ihm und sprechen doch für sich. Sie sind das Fassbare im nicht mehr Fassbaren, ein Stück Sehnsucht und ein Stück Glück.

Aber nicht alle Scherben sind schön.

Die Scherben eines Lebenswegs, ein zerbrochener gefolterter Körper, eine bombardierte Stadt, Gestank und Verzweiflung: Hier zeigen Scherben die blanke Negativität, die nicht weggeredet und weggetröstet werden darf und kann. Es sind Orte, wo Leibniz' Rede von der besten aller möglichen Welten zynisch klingt, wo Vertröstungen zur Farce werden. Theologisches Sprechen, das den eigenen Auftrag ernst nimmt, darf sich hier nicht in die lange Reihe eindeutiger Erklärungen und oberflächlicher Trostwerte einreihen. Es gibt Orte, an denen der Theologie, der

Rede von Gott, die Sprache wegbleiben muss, will sie nicht jämmerlich versagen vor Gott und den Menschen.

Und danach, nach dem Verstummen und mitten in der Stille, beginnt die Rede neu. Theologische Rede aus dem Verstummen heraus ist nicht Vertröstung, sondern Verheißung. Diese Verheißung eines neuen Himmels und einer neuen Erde geht einher mit Widerstand, Widerstand gegen Gewalt.

Das geknickte Rohr zerbricht nicht – dies ist eine genaue Beschreibung dessen, was der Gottesknecht des Jesajabuches ist. Er gehört zu den biblischen Urbildern der leidenden Gerechten, genauso aber zu den biblischen Urbildern der Gewaltlosigkeit. Beides gehört zusammen. Er, von dem gesagt wird, dass er *seinen Rücken denen darbot, die ihn schlugen* und *denen, die ihm den Bart ausrissen, seine Wangen* (Jes 50, 6), von ihm wird auch gesagt: *Das geknickte Rohr zerbricht er nicht* (Jes 42, 3). Keine Leidverliebtheit tönt uns aus den alten Liedern entgegen, die von Jahrhundert zu Jahrhundert erschreckend neu werden, sondern die Kraft des Durchbrechens von Gewalt. Der Gottesknecht, der gerufen wurde, kehrt dort nicht um, wo es ernst wird. Er geht in das Leiden hinein, aber nicht darin unter; er tritt der Gewalt entgegen.

Leibniz, dessen ordnender Optimismus uns heute unerträglich erscheint, war ein weiser Mensch, weise in seiner Unterscheidung der metaphysischen und der moralischen Übel – der Übel, die vom Menschen produziert werden, wo Menschen einander zerbrechen, und der Übel, die aus der Zerbrechlichkeit des Menschen herrühren. Auch wenn diese Unterscheidung heute erneut in Frage steht – dort, wo die Erdbeben die Armen treffen und die Kriege wie Naturkatastrophen in die Welt zu kommen scheinen –, gibt diese Unterscheidung zu denken.

Das Christentum, das in den nachchristlichen Gesellschaften noch seinen Ort und seine Stimme sucht, steht hier vor einer doppelten Aufgabe: Christinnen und Christen könnten diejenigen sein, die das Zerbrechen, das Menschen anderen Menschen zufügen, beim Namen nennen und sich nicht mit einem bedauernden Schulterzucken, *was will man da schon machen,* abwenden. Und zugleich könnten Christen und Christinnen diejenigen sein, die die grundsätzliche Zerbrechlichkeit des Menschen, seine Fehlbarkeit und Sterblichkeit, neu und anders deuten und neu und anders leben. Wir leben in einer Zeit der Utopien, die sich den Menschen neu imaginieren: als ästhetisch und funktional perfekten Menschen, der seine Zerbrechlichkeit als Feind bekämpft. Diese Normierungen – perfekt funktionieren, perfekt aussehen – haben eine grausame Kehrseite; all diejenigen, die diesem Bild des Menschen nicht gerecht werden, rücken immer weiter an den Rand.

Menschen sind zerbrechlich. Menschliches Leben kann zerbrechen und endet irgendwann im großen Zerbrechen, dem Tod. Dieser Schmerz über die Zerbrechlichkeit des Lebens, die Zerbrechlichkeit des Glücks und die Zerbrechlichkeit der geliebten Menschen ist so weit und tief wie das Leben selbst.

Jede Scherbe ist eine Erinnerung daran, dass nicht nur Ton und Glas zerbrechlich ist, sondern dass Menschen zerbrechen. Sie sind zerbrechlich, weil sie Menschen sind, fehlbar und vergänglich. Menschen aus Fleisch und Lust und Furcht und Sehnsucht und Liebe – und nicht aus Hartplastik und Stahl.

Wo wir uns unserer eigenen Zerbrechlichkeit und der Zerbrechlichkeit anderer bewusst werden, leben wir fragmentarisch. Dies nicht in einer Weise, die uns in unsere unterschiedlichen Rollen aufspaltet und den Sinn eines einheitlichen und verbindlichen Menschseins zerstört. So zu leben heißt vielmehr: mit Vorsicht, Aufmerksamkeit und Gelassenheit unser zerbrechliches Leben und das zerbrechliche Lebendige zu betrachten, gewaltsames Zerbrechen nach Menschenmöglichkeit zu verhindern und im Bewusstsein der Zerbrechlichkeit ein eigenes, kostbares Glück zu finden. Denn genau wie es Scherben gibt, die schön sind, hat auch die Zerbrechlichkeit der Menschen ihre eigene Schönheit. Die Kostbarkeit der Augenblicke, die ein Leben prägen, ist nur denkbar unter der Bedingung der Endlichkeit; menschliches Glück ist ein Glück im Angesicht des Todes. Und unser Schmerz im Angesicht des Todes ist ein Zeichen für die Kostbarkeit des verstorbenen Menschen und die Kostbarkeit des Lebens.

Zugleich mündet dieser Schmerz in die Hoffnung auf eine große Verheißung. Es ist die Hoffnung darauf, dass das Zerbrechen, dass alle Scherben des Menschseins sich verwandeln mögen in ein *symbolon*. Die zerbrochenen Tontafeln der Antike waren einmalig – darum konnten sich die Freunde nach langen Jahren erkennen und ihre Abgesandten, deren Söhne und Töchter, als Gäste ins Haus aufgenommen werden. Die Zerbrechlichkeit menschlichen Lebens erzeugt Leid und Sehnsucht. Vielleicht können wir lernen, auch seine Schönheit wiederzuentdecken; es ist die Schönheit der Einmaligkeit und die Schönheit einer Verheißung; der Verheißung, dass das Zerbrochene zusammengefügt wird, dass Menschen zueinander finden und sich in Gott wiederfinden.

Meine feine schwarze Jacke

von Lina Sauer

Meine feine schwarze Jacke! Sie ist neun Jahre älter als ich. Maßgeschneidert aus festem Wollstoff, mit Seide gefüttert, kurz und tailliert, mit aufgesetzten Taschen. Zeitlose Eleganz der 50er Jahre. Eine etwas strenge Weiblichkeit, und dabei bequem. Wenn ich sie anhabe, fühle ich mich gut angezogen und sicher. Zu Jeans trage ich sie lieber als zum Rock, und lieber zusammen mit meinen roten Sneakers als mit den schwarzen Pumps. Dass sie mir passt, habe ich der Tatsache zu verdanken, dass ich so groß bin wie meine Mutter, 1,64, und dass sie zu ihren Verlobungszeiten so schlank war. Es gab auch mal einen Rock dazu, sie trug natürlich ein Kostüm zur Verlobung. 1958. Aber der passte mir nie so recht.

Meine feine schwarze Jacke: Ich trage sie seit dem Ende des Studiums, seit meinem ersten Job und den ersten größeren Konferenz irgendwo. Seit 18 Jahren also. Meine Mutter habe ich nie darin gesehen. Jedenfalls in den späteren Jahren ihrer Ehe hat sie ihre Verlobungsjacke nie getragen, und sie hat sie mir sehr leichten Herzens gegeben. Immer mal wieder hat sie ein bisschen wehmütig davon gesprochen, wie schlank sie damals gewesen war. 55 Kilo. Aber den Stress, der zu diesem Schlanksein geführt hatte, hatte sie genauso in Erinnerung. Und war mit ihren inzwischen 62 Kilos ziemlich versöhnt. Zumal: nach den vier Schwangerschaften. Und der Arbeit auf dem Feld, im Haushalt, im Stall. Nach kurzer Verlobungszeit hatte sie 1959 ihren Liebsten geheiratet, einen geistreichen, charmanten, unordentlichen Bauern. Auch ihr Hochzeitskleid hängt inzwischen in meinem Schrank; als Kinder haben wir Töchter damit begeistert Prinzessin gespielt, als Erwachsene habe ich es nicht mehr getragen.

Ich habe meine Mutter nie gesehen in meiner feinen schwarzen Jacke, aber sie ist eigentlich immer dabei, wenn ich sie anziehe. Öfter schon dachte ich daran, die Jacke zu ersetzen; eigentlich jedes Jahr einmal meine ich, dass ich eine neue brauche, und sei Vintage noch so hip. Die Ellbogen glänzen inzwischen, das Futter musste ich nähen lassen. Und natürlich ist der Schnitt nicht wahnsinnig aufregend. Aber – irgendwie habe ich nie eine schönere gefunden.

Ob sie mich je darin gesehen hat, weiß ich gar nicht. Sie hat nicht mehr lange gelebt, nachdem ich meinen Job hatte und nach diesen ersten größeren Konferenz irgendwo.

☆☆☆

Das Leben ist wertvoll.
Vorsicht:
Andächtig behandeln!

Surya Das

Eine schöne Ewigkeit

von Hermann Hesse

Eines Morgens erwachte ich, ein lebhafter Knabe von vielleicht zehn Jahren, mit einem ganz ungewöhnlich holden und tiefen Gefühl von Freude und Wohlsein, das mich wie eine innere Sonne durchstrahlte, so als sei jetzt eben, in diesem Augenblick des Erwachens aus einem guten Knabenschlaf, etwas Neues und Wunderbares geschehen, als sei meine ganz klein-große Knabenwelt in einem neuen und höhern Zustand, in ein neues Licht und Klima eingetreten, als habe das ganze schöne Leben erst jetzt, an diesem frühen Morgen, seinen vollen Wert und Sinn bekommen. Ich wusste nichts von gestern noch von morgen, ich war von einem glückhaften Heute umfangen und sanft umspült. Es tat wohl und wurde von Sinnen und Seele ohne Neugierde und ohne Rechenschaft gekostet, es durchrann mich und schmeckte herrlich.

Es war Morgen, durchs hohe Fenster sah ich über dem langen Dachrücken des Nachbarhauses den Himmel heiter in reinem Hellblau stehen, auch er schien voll Glück. Als habe er Besonderes vor und habe dazu sein hübschestes Kleid angezogen. Mehr war von meinem Bette aus von der Welt nicht zu sehen, nur eben dieser schöne Himmel und das lange Stück Dach vom Nachbarhause, aber auch dies Dach, dies langweilige und öde Dach aus dunkel rotbraunen Ziegeln schien zu lachen, es ging über seine steile schattige Schrägwand ein leises Spiel von Farben, und die einzelne bläuliche Glaspfanne zwischen den roten tönernen schien lebendig und schien freudig bemüht, etwas von diesem so leise und stetig strahlenden Frühlingshimmel zu spiegeln. Der Himmel, die etwas raue Kante des Dachrückens, das uniformierte Heer der braunen und das luftige Blau des einzigen Glasziegels schienen auf eine schöne und erfreuliche Weise miteinander einverstanden, sie hatten sichtlich nichts andres im Sinn, als in dieser besonderen Morgenstunde einander anzulachen und es gut miteinander zu meinen. Himmelblau, Ziegelbraun und Glasblau hatten einen Sinn, sie gehörten zusammen, sie spielten miteinander, es war ihnen wohl, und es war gut und tat wohl, sie zu sehen, ihrem Spiel beizuwohnen, sich vom selben Morgenglanz und Wohlgefühl durchflossen zu fühlen wie sie.

So lag ich, den beginnenden Morgen samt dem ruhigen Nachgefühl des Schlafes genießend, eine schöne Ewigkeit in meinem Bett, und ob ich ein gleiches oder ähnliches Glück noch andre Male in meinem Leben gekostet habe, tiefer und wirklicher konnte keines sein: die Welt war in Ordnung. Und ob dieses Glück hundert Sekunden oder zehn Minuten gedauert habe, es war so außerhalb der Zeit, dass es jedem andern echten Glücke so vollkommen glich wie ein flatternder Bläuling dem andern. Es war vergänglich, es wurde von der Zeit überspült, aber es war tief und ewig genug, um über mehr als sechzig Jahre hinweg mich noch heute zu sich zurückzurufen und zu ziehen, dass ich mit müden Augen und schmerzenden Fingern darum bemüht sein muss, es anzurufen und ihm zuzulächeln, es nachzubilden und zu beschreiben. Es bestand aus nichts, dieses Glück, als aus dem Zusammenklang der paar Dinge um mich her mit meinem eigenen Sein, aus einem wunschlosen Wohlsein, das nach keiner Änderung, keiner Steigerung verlangte.

Es war noch Stille im Haus, und auch von außen her kein Laut. Wäre diese Stille nicht gewesen, so hätte vermutlich die Erinnerung an die alltäglichen Pflichten, an das Aufstehen und den Gang zur Schule mein Wohlsein gestört. Aber es war offenbar weder Tag noch Nacht, es war das süße Licht und das lachende Blau zwar vorhanden, aber kein Mägdetrab über die Sandsteinfliesen des Vorplatzes, keine knarrende Tür, kein Bäckerbubenschritt auf den Treppen. Dieser Morgen-Augenblick war außerhalb der Zeit, er rief zu nichts, er wies auf nichts Kommendes hin, er war sich selbst genug, und da er mich ganz mit in sich begriff, gab es auch für mich keinen Tag, keinen Gedanken an Aufstehen und Schule, an halb gemachte Aufgaben oder schlecht gelernte Vokabeln, an hastiges Frühstücken im frisch gelüfteten Esszimmer drüben.

Die Ewigkeit des Glückes erfuhr diesmal ihren Zerfall durch eine Steigerung des Schönen, durch ein Mehr und Zuviel an Freude. Während ich so lag und mich nicht rührte, und die lichte stille Morgenwelt in mich eindrang und mich in sich aufnahm, stieß aus der Ferne her etwas Ungewohntes, etwas Glänzendes und Überhelles golden und triumphierend durch die Stille, voll strotzender Freude, voll lockender und weckender Süßigkeit: der Klang einer Trompete. Und schon war, während ich, nun erst völlig wach, mich im Bett aufrichtete und die Decke zurückschlug, der Klang zweistimmig und mehrstimmig geworden: es war die Stadtmusik, die mit klingendem Spiel durch die Gassen marschierte, ein überaus seltenes und aufregendes Ereignis voll schmetternder Festlichkeit, dass mir das Kinderherz im Leibe zugleich lachte und schluchzte, als wäre alles Glück, aller Zauber der seligen Stunde in diese aufreizenden scharfsüßen Töne zusammengeflossen und ergösse sich nun, geweckt und ins Zeitliche und Vergängliche zurückgekehrt. In einer Sekunde war ich aus dem Bett, bebend vor Festfreude, stürzte zur Tür und ins Nebenzimmer, aus dessen Fenstern man die Straße sehen konnte. In einem Taumel von Entzücken, von Neugierde und Dabeiseinwollen legte ich mich in ein offenes Fenster, hörte beglückt die schwellenden und hochmütigen Klänge der näherkommenden Musik, sah und hörte die Nachbarhäuser und die Straßen erwachen, lebendig werden und sich mit Gesichtern, Gestalten und Stimmen anfüllen – und in derselben Sekunde wusste ich auch alles wieder, was ich in jenem Wohlsein zwischen Schlaf und Tag so ganz vergessen hatte. Ich wusste, dass in der Tat heute keine Schule sei, sondern ein hoher Festtag, ich glaube, es war des Königs Geburtstag, dass es Umzüge, Fahnen, Musik und unerhörte Belustigungen geben werde.

Und mit diesem Wissen war ich zurückgekehrt, stand ich wieder unter den Gesetzen, die den Alltag beherrschen, und wenn es auch kein Alltag war, sondern ein Festtag, zu dem die metallenen Töne mich erweckt hatten, so war doch das Eigentliche und Schöne und Göttliche dieses Morgenzaubers schon vergangen und hinter dem kleinen holden Wunder schlugen die Wellen der Zeit, der Welt, der Gewöhnlichkeit wieder zusammen. *(1949)*

Erinnerungsschätze

von Verena Kast

Ein 76-jähriger Mann erzählt, er habe sich als Junge immer wieder vorgestellt, er werde eines Tages einen Schatz finden – und dann unermesslich reich und vor allem auch berühmt sein. Mit diesem Schatz könnte er seinen Eltern, die wenig Geld hatten, alles kaufen, was sie sich wünschen würden. Natürlich hatte er auch Geschichten von einem verborgenen Schatz gelesen, er kannte Märchen, in denen ein Drache auf einem Schatz sitzt und den er besiegen muss, um an den Schatz zu kommen. Er stellte sich vor, einmal so ein Drachentöter zu werden.

Die Idee vom Schatz war aber auch im Alltag für ihn oft handlungsleitend: So ging er in den Wald, um einen Schatz zu finden. „Ich dachte, die Räuber haben doch Schätze, die haben sie im Wald versteckt, und vielleicht finde ich diese eines Tages!" Fand er kleine Geldmünzen, so war es ihm ein Hinweis darauf, dass es auch den großen Schatz geben musste.

Was ist aus dieser Schatzsuche geworden? Wenn er am Meer entlang geht, sucht er zwar immer noch den Strand mit den Augen ab, ob nicht vielleicht unter all dem wertlosen Strandgut doch etwas Wertvolles verborgen sein könnte. Doch die Kinderidee, den Schatz zu finden, hat er geopfert: „Ich wurde dann realistisch, es wurde mir klar, dass man nicht einfach etwas findet, dass man dafür arbeiten muss. Das habe ich getan, auch für das Glück muss man etwas tun. Wenn ich jetzt zurückdenke, bin ich dadurch ärmer geworden, dass ich nicht mehr daran glaubte, den Schatz zu finden: etwas Wichtiges einfach zu finden oder zu bekommen. Oder auch anders: Ich habe mir keine Heldentat mehr vorgestellt, um andere Menschen zu überraschen und glücklich zu machen. Ich habe die Idee vom Schatz verloren." Oder doch nicht? Zwei Aspekte, die mit dieser Fantasie verbunden sind, bleiben wichtig in seinem

Leben: das Finden, die Freude daran, etwas zu finden oder auch zu erfinden, und das geheimnisvoll aufregende Lebensgefühl, das ursprünglich mit dem Schatz verbunden war:

„Immer wieder in meinem Leben fühlte ich mich unermesslich reich. Unermesslich reich beschenkt. Es sind verschiedene Situationen: bei der Geburt unserer Kinder zum Beispiel. Als ich nach einem schweren Unfall wieder ganz hergestellt wurde. Es ist immer dann da, wenn ich das Gefühl habe, eins zu sein mit Menschen, mit der Mitwelt, mit dem Kosmos. Das kann bei einem Spaziergang sein. Das erfüllt mich dann mit einer großen Dankbarkeit. Aber vielleicht möchte ich doch noch den Schatz finden: Ich hätte gerne einen Traum, in dem mir gezeigt wird, was das Geheimnis meines Lebens ist, was das Geheimnis des Lebens überhaupt ist. Und um diesen Traum erinnern zu können, schreibe ich seit Jahren die Träume auf, übe mich in Traumerinnerung."

[...]

Erinnerungen sind und bleiben ein großer Schatz, zunächst einmal für die Menschen, die sich erinnern, dann aber auch für die, die diese Erinnerungen lesen und dabei in ein anderes Leben eintauchen. Sie erfahren etwas von Lebensumständen und Lebensführung, die ihnen sonst unbekannt bleiben. Erinnerungen sind ein Schatz für uns Menschen: Sie sind unser Ureigenstes, sie sind das, was uns von unserem Leben als Ganzes zugänglich ist und bleibt, wenn wir uns darum bemühen und unser Gedächtnis uns nicht im Stich lässt.

Erinnern wir uns! Stellen wir uns vor, wie es damals war, als wir das erste Mal selber Rad gefahren sind: der Stolz, das Lebensgefühl, jetzt alles meistern zu können. – Für einen kurzen Moment wenigstens.

Mit den Erinnerungen tauchen wir ein in ein Leben, das schon lange vergangen ist und vergegenwärtigen es uns. Betrachten wir Familienfotos mit verschiedenen Kleinkindern und entdecken uns selbst dann endlich, dann sagen wir: „Das bin ich!“ Wir sagen nicht, „Das war ich!“ – offenbar sind wir es immer noch. Es gibt eine Kontinuität in unserem Leben trotz aller Veränderungen, und diese Kontinuität wird im Lebensrückblick sichtbar.

Die vielen Veränderungen in unserem Leben, die wir vor allem an markanten Punkten unseres Lebens wahrnehmen, werden durch das Erinnern verbunden. Verbinden wir aber verschiedene Erinnerungen, wird uns deutlich, dass im Netz der Erinnerungen die Essenz unseres Lebens erfahrbar ist, unsere Identität wird sichtbar. In unseren Erinnerungen begegnen wir auch den Sehnsüchten von damals, vielleicht sind es auch unabgegoltene Sehnsüchte. Und wir begegnen auch Erfahrungen, die wir lieber ungeschehen machen würden, derer wir uns schämen. Und dennoch: alle diese unsere Erfahrungen machen unser Leben aus – und nur wir können uns diesen Schatz vermiesen, indem wir unsere Erinnerungen nicht wertschätzen, sie als banal und belanglos einstufen. Doch damit tun wir aber auch unser Leben als banal und belanglos ab.

Erinnerungen gruppieren sich um Schlüsselerfahrungen, oft um Erfahrungen, die wir das erste Mal gemacht haben: Der erste Schultag – den erinnern wir meistens recht genau. Den letzten meistens auch. Die vielen Schultage dazwischen erinnern wir nur, wenn etwas Besonders geschah, etwas Wunderbares oder etwas Schreckliches. Der erste Kuss, die erste Liebe, der erste Liebeskummer – sie sind uns meistens präsent. Wir erinnern uns auch an vieles aus der Adoleszenz, vermutlich, weil da so vieles begann, aber auch, weil wir in diesem Alter uns schon Gedanken machen um unsere Biografie, vor allem auch darüber, was für ein Mensch wir werden wollen. Wir entwickeln einen Traum von unserem Leben: Da will einer ein wichtiger Forscher werden, eine andere eine berühmte Filmschauspielerin, ein berühmter Musiker, eine erfolgreiche Fußballerin … Es ist interessant, sich zurückzuerinnern: Was war denn mein Traum damals – und wie habe ich diesen Traum ausgefüllt – oder eben auch nicht. Natürlich waren das damals

Größenideen, denn aus dem Leben soll ja etwas Großes werden. Natürlich hat man diese Träume nicht einfach umsetzen können – aber etwas davon ist doch in den meisten Leben realisiert worden. Gelingt es, sich nicht an der Größenidee zu messen, sondern an der Richtung, die darin sichtbar wurde, sehen wir eine Entwicklungslinie vom Traum zu unseren wichtigen Lebensthemen, zu den Themen, die zu verwirklichen uns immer wichtig waren, oder aber wir haben den Eindruck, etwas „falsch" gemacht zu haben. Nun mag es ja sein, dass der Traum zu weit von den Realisierungsmöglichkeiten entfernt war, vielleicht aus einer schwierigen Lebenssituation heraus, die es notwendig machte, einer Größenidee nachzuhängen, um das Leben überhaupt aushalten zu können. Aber sogar in diesen Situationen findet man oft noch ein Körnchen dessen, was zu verwirklichen uns später im Leben wichtig war.

Aber nicht nur, was wir das *erste Mal* erlebt haben, was unsere Psyche noch unvorbereitet traf, bleibt in unseren Erinnerungen, sondern auch Erfahrungen, die das *letzte Mal* betreffen. Das letzte Mal mit einem Menschen gesprochen haben, den wir später nie mehr gesehen haben, der aus unserem Leben verschwand oder gar starb. Diese letzte Unterhaltung bekommt dadurch eine Bedeutung und wir holen sie in unsere Erinnerung zurück, versuchen das Gespräch und die Atmosphäre minutiös zurückzuholen in unsere Erinnerung, verknüpfen sie unbewusst mit Erfahrungen von Ende und Tod – und deshalb können wir uns auch später gut daran erinnern. Aber es muss nicht das letzte Mal im Zusammenhang mit einem realen Tod sein: Das letzte Mal in eine Firma gehen, das letzte Mal diesen bestimmten Schreibtisch aufräumen, das letzte Mal gemeinsam frühstücken … Was dazwischen ist, zwischen dem ersten und dem letzten Mal, rückt zusammen, verdichtet sich, ist schwer auf Einzelheiten zu durchdringen. Aber da, wo etwas Besonderes geschieht, etwas Herausragendes, da wird unsere Erinnerung wieder präziser: etwa bei Lebensübergängen oder bei Krisen, die mit diesen Lebensübergängen verbunden sein können. An runde Geburtstage erinnern wir uns meistens, vielleicht auch noch an die Zeit davor und an die Zeit danach. Lebensübergänge – ob normative, die zu unserem Leben gehören, wie etwa die runden Geburtstage –, oder individuelle, wie etwa die Geburt eines Kindes, der Tod eines geliebten Menschen, haben eine spezielle Dynamik.

Zeiten der Lebensübergänge haben ihre eigene Dynamik: Was kurz zuvor noch gültig und verlässlich schien, wird plötzlich bezweifelt, hinterfragt. Unzufriedenheit wird erlebt, Unruhe, Angst. Irgendwie sollte alles anders werden, es sollte sich aber auch nichts verändern. Je mehr wir festhalten wollen, umso mehr hinterfragen wir kritisch das Festgehaltene. Das heißt aber auch, dass wir den Lebensabschnitt, der zu Ende geht, in unserer Erinnerung noch einmal vergegenwärtigen: Es wird uns bewusst, was war, was gut war, was veränderungsbedürftig – und möglicherweise gibt es Ideen, was nun für den Fortgang des Lebens wichtig ist, was in den Mittelpunkt gestellt werden soll. Dann können wir loslassen – die Erinnerung kann uns niemand nehmen, und aus dieser Erinnerung heraus gibt es eine neue Perspektive für die Zukunft. Halten wir allerdings fest, dann entfremden wir uns von uns selbst, nehmen neue anstehende Entwicklungen nicht auf und geraten dann oft in eine Krise. Übergangsphasen sind Phasen der Labilität, mit Angst, Spannungen und Selbstzweifeln verbunden. Weil es labile Phasen sind, können wir uns leichter verändern, es brechen aber auch alte Konflikte auf, Schwierigkeiten, die wir schon immer hatten, werden reaktiviert. So berichten viele Menschen in Übergangsphasen, sie hätten erneut Probleme mit Autoritätsgestalten, etwas, das sie eigentlich schon länger für überwunden hielten. Solche Reaktionen entstehen, weil wir durchlässiger sind in diesen Phasen und weil wir nicht mehr so genau wissen, wie wir denn mit dem Leben umgehen sollen. Das ist eine Chance: Veränderungen sind möglich. Der Zweifel weckt die Reflexion – und das ist die Voraussetzung dafür, dass wir uns neue Ziele setzen und anderes Verhalten in den Blick fassen.

Sind wir aber empfindlicher und empfindsamer, weniger kontrolliert und weniger entschlossen als normalerweise, ergeben sich mehr Konflikte im Alltag. Und diese Konflikte beeindrucken uns mehr als in Zeiten, in denen unser Leben konsolidierter ist, wir einen Übergang hinter uns gebracht haben und das Leben wieder „normal" seinen Gang nimmt. Doch auch diese erhöhte Konfliktanfälligkeit hat eine Chance in sich: Alte Konflikte, Konflikte, die sich immer wieder in unserem Leben ereignen, können jetzt verstanden und verändert werden. Lebensübergänge sind verbunden mit viel Emotionen: Angst, Hoffnung, Ärger, Freude und andere mehr. Sie sind verbunden mit Konflikten mit Mitmenschen – und sie erlauben es, eine neue Passung zwischen sich selbst und den Mitmenschen, aber auch zwischen der bewussten Haltung und Entwicklungsnotwendigkeiten zu finden.

Die 50-Jährige, die angesichts ihres runden Geburtstages sehr unzufrieden ist mit sich, weil sie sieht, dass sie ihre Wünsche „immer" hintan gestellt hat, und die findet, sie würde dafür von ihren Lieben nicht genug „entschädigt", lernt einen Wunsch von sich selber kennen, den sie sich erfüllen wird. Sie will endlich Türkisch lernen und später mit türkischen Frauen etwas arbeiten. Das verwirklicht sie dann auch und ist viel zufriedener.

Erfindungen, die wir an Lebensübergängen gemacht haben: Das sind Erinnerungen, die aus der Fülle des gelebten Lebens herausragen und die für uns die Pfeiler unserer Identität darstellen: diese Erfahrungen sind es, die vor allem bewirken, dass wir sind, wer wir sind. Das gilt auch von den Übergängen, mit denen wir nicht gerechnet haben, in die wir hineingeworfen werden. Diese Ereignisse, etwa der Tod eines uns wichtigen Menschen, der überraschende Verlust der Arbeit, teilen unser Leben in ein „vorher" und ein „nachher" ein, konfrontieren uns mit uns selbst, fordern uns heraus. Im Rückblick auf unser Leben gelingt es uns, dieses Vorher und Nachher miteinander zu verbinden, den Lebensübergang als sinnvoll zu erleben.

Der mehr als 80-jährige Mann, der seine Frau vor zwei Jahren verloren hat, träumt immer wieder von ihr. Er findet das „normal“ und tröstlich, spricht aber nicht mit jedermann darüber. Jetzt aber hat er einen eigentümlichen Traum, der ihn beschäftigt:

„Ich habe von Berta geträumt. Wir waren jung. So um die 40. Wir waren in den Bergen – beim Wandern. Plötzlich ist uns eingefallen, dass wir die Kinder unversorgt zu Hause gelassen haben. Wir haben Schuldgefühle. Wissen nicht, was tun. Schnell nach Hause? Oder was?

Und jetzt sagt Berta zu mir – und ich bin so alt wie ich jetzt bin und sitze an meinem Lieblingsplatz im Garten: ‚Und das ist immer noch ein Problem, du hast jetzt nur noch ein Kind, aber du schaust einfach nicht zu deinen Kindern.‘ Dann knallt sie die Tür zu.

Ich bin erwacht – zuerst mit Schuldgefühlen – ich habe etwas versäumt. Dann mit Wut auf Berta: Wenn sie schon tot ist, soll sie keine Türen knallen, das hat sie früher immer gemacht, wenn sie sehr wütend war! Dann hat mich der Traum gepackt – noch einmal so jung zu sein!

Wir sind manchmal zu zweit – nur wir beide – in den Bergen wandern gegangen. Aber wir hatten die Kinder versorgt, bei Eltern und Geschwistern. Aber wir hatten doch ein wenig ein schlechtes Gewissen. Berta mehr als ich. Aber das tat uns gut! Wir haben die Kinder nie wirklich vergessen. Na ja“ – und dann erzählte er mit vielen Auslassungen eine Geschichte von einer Wanderung, die so schön war, so romantisch, so voll von sexuellem Begehren und Erfüllung, dass sie die Lüge erfanden, eine Seilbahn habe überraschend ihren Betrieb eingestellt. So konnten sie noch einen Tag ohne Kinder genießen. Der alte Mann schwelgt in seiner Erinnerung: „Ja, das war ein Höhepunkt meines Lebens mit meiner Frau …“

Aber dann wundert er sich, welches Kind er denn noch versorgen muss. Natürlich sind alle Kinder längst erwachsen und leben ihr Leben. Es gibt Enkel, Urenkel, zu denen er eine Beziehung hat, die er aber nicht betreuen muss. Überhaupt sagt Berta: ein Kind. Was liebt er denn im Moment wie ein Kind? Was ist ihm so wichtig wie ein Kind? Eigentlich wollte er vor längerer Zeit ein paar Seiten schreiben zu seiner Ehe. Er wollte seinen Nachkommen zeigen, wie sie miteinander gelebt hatten. Aber er fand die richtigen Worte nicht. Er fand alles, was er sagen wollte, so banal. Dabei wollte er über die Liebe zu seiner Frau schreiben, darüber, wie sehr sie einander begehrt hatten – erzählen konnte er ja so etwas nicht. Jetzt aber meinte er, er habe doch einen Auftrag bekommen, zu diesem „Kind" zu stehen, ein Thema für seinen Lebensrückblick!

Glücksperlensuche

von Klaus Renn

Egal wie gut Sie sich fühlen, einige Glücksperlen können Sie sicher immer gebrauchen. Dazu wählen Sie eine entspannte Haltung: Sich wohlfühlen und doch innerlich wach sein ist die beste Voraussetzung, um auf eine kleine innere Suche zu gehen. Lassen Sie Ihren Körper frei, indem Sie Ihre Aufmerksamkeit in Ihre Atembewegung geben, und verweilen Sie eine kleine Zeit dabei. Lassen Sie einfach alles sein, lassen Sie auch alles Verändern-Wollen für eine kleine Zeit sein. Manchmal ist es auch unterstützend, ein oder zwei Mal tiefer und weiter bewusst in Bauch und Brustkorb einzuatmen – das Ausatmen lassen Sie ohne bewusste Steuerung von alleine geschehen.

Jetzt schlage ich Ihnen vor, ein inneres Bild oder die Erinnerung an eine wohltuende, tiefere Naturerfahrung entstehen zu lassen. Stellen Sie sich diese Situation vor und behalten Sie Ihre Aufmerksamkeit im Körper. Lassen Sie die Situation in ihrer Ganzheit in sich entstehen. Schauen Sie sich um, lassen Sie die Farben und das Besondere in diesem Bild auf sich wirken. Spüren Sie die Luft in sich, nehmen Sie sie mit der Nase auf und spüren Sie den möglichen Wind auf Ihrer Haut. Nehmen Sie Ihre Gefühle und Ihr Empfinden in dieser Situation wahr. Laden Sie diese Erfahrung ein, sich jetzt in Ihrem Körper auszubreiten, und bleiben Sie einfach für einige Atemzüge dabei. Das Gute an dieser Erfahrung lassen Sie jetzt zu einer Perle werden. Bewahren Sie diese Perle an einem guten Ort in Ihrem Körper auf und machen Sie sich bereit, weitere gute Erfahrungen einzusammeln.

Suchen Sie nach einer Begegnung mit einem kleinen Kind: eine Situation, in der ein Kind sie spontan anlachte und mit strahlenden Augen ansah. Spüren Sie dabei Ihre eigenen Augen und lassen Sie dieses Bild in Ihren Körper strahlen. Vielleicht entsteht jetzt in Ihrem Gesicht ebenfalls ein Lächeln. Atmen Sie diese Situation ein und spüren Sie dabei Ihren Brust- und Bauchraum von innen. Lassen Sie sie wirken, genießen Sie – lassen Sie diese Erfahrung ebenfalls zu einer Perle werden und geben Sie ihr einen für Sie stimmigen Ort in Ihrem Körper.

Suchen Sie jetzt eine Lebenssituation, in der Sie eine wichtige Begegnung hatten. Ein Gespräch mit jemandem, ein Ereignis, dem Sie eine wesentliche Veränderung verdanken. Lassen Sie diese gesamte Situation in sich entstehen: die Atmosphäre, die Gefühle, den Veränderungswunsch, die Kraft, die zu der Veränderung führte. Lassen Sie sich einige Atemzüge Zeit, dies alles sich entfalten zu lassen. Spüren Sie die körperliche Resonanz in sich ... und bitten Sie Ihr Inneres, daraus eine weitere Perle zu bilden. Legen Sie diese wertvolle Perle ebenfalls in sich ab.

Für die nächste Perle schlage ich Ihnen eine etwas aufregende erotische Situation in Ihrem Leben vor. Ob es ein Blick war, eine kurze flüchtige Begegnung oder was auch immer – jedenfalls eine Situation, in der Sie sich als Frau, als Mann gespürt haben. Geben Sie sich Zeit, damit diese kleine Geschichte in Ihnen auftauchen kann. Lassen Sie wieder alles in sich erscheinen, was dazugehört: Ihre Gefühle, Impulse, die Energie in Ihrem Körper ... Verweilen Sie etwas dabei und schmecken Sie nach. Dabei können Sie Ihren Atem auch sanft zu Ihrem Geschlecht streichen lassen ... Nehmen Sie die Erinnerung, das Gefühl, die Energie und lassen Sie daraus die entsprechende Perle entstehen.

Machen Sie einen kleinen Schnelldurchgang durch Ihr Leben und sammeln Sie die glücklichsten Momente in Perlenform ein ... Währenddessen kann Ihr Inneres aus dieser Sammlung eine wunderbare Perlenkette machen. Lassen Sie sich Zeit, die Kette zu betrachten, die Farben, den Glanz ... und streifen Sie sie über Ihren Kopf ... spüren Sie das Gewicht, die Berührung der Perlen ... Was verändert sich beim Tragen dieser Kette? (In

Atem, Rücken, Haltung, Stimmung, Gefühlen ...) Atmen Sie diese Erfahrung ein, lassen Sie sie durch alle Körperzellen wirken. Was wird sich ändern, wenn Sie mit dieser Kette in Ihren Alltag gehen? Wie werden Sie gehen, Ihren Kopf halten, auf Ihren Beinen stehen, was geht von Ihrem Blick aus? Ebenso wie in den Kindermärchen können die Gegenstände in Ihrer inneren Welt ebenfalls sprechen. So können Sie die Kette z. B. fragen: „Liebe Kette, was ist jetzt als Nächstes gut zu tun?" Lassen Sie die Frage eine kleine Zeit in Ihrem Körper wirken – und warten Sie, was in Ihnen antwortet: vielleicht ein inneres Bild, vielleicht können Sie etwas innerlich hören oder eine Klarheit steigt auf.

Behalten Sie diese Erfahrung und machen Sie irgendeinen konkreten Handlungsschritt in Ihrer konkreten Lebenswelt. Irgendetwas in der Art von Losziehen und sich eine zur Kette passende neue Garderobe leisten, endlich das Geschirr spülen, jemanden anrufen ... was auch immer.

☆☆☆

Die Kraft des Genießens und die des Erinnerns sind voneinander abhängig. Genießen heißt einer Frucht ohne Rest ihre Süßigkeit entpressen. Und Erinnerung heißt die Kunst, einmal Genossenes nicht nur festzuhalten, sondern immer reiner auszuformen.

Hermann Hesse

4 „Süßer", „Schatz", „Mein Herzchen": liebste Menschen

Meine süße Puppe,
Mir ist alles schnuppe,
Wenn ich meine Schnauze
Auf die Deine bautze.

Kurt Schwitters

Mein Herzensliebchen

von Karl Marx

Ich liebe Sie in der Tat mehr als der Mohr von Venedig je geliebt hat. Falsch und faul fast die falsche und faule Welt alle Charaktere auf. Wer von meinen vielen Verleumdern und schlangenzüngigen Feinden hat mir je vorgeworfen, dass ich berufen sei, eine erste Liebhaberrolle auf einem Theater zweiter Klasse zu spielen? Und doch ist es wahr. Hätten die Schufte Witz besessen, sie hätten „die Produktions- und Verkehrsverhältnisse" auf die eine Seite gemalt und mich zu Deinen Füßen auf der andern. Look to this picture and to that – hätten sie darunter geschrieben. Aber dumme Schufte sind es, und dumm werden sie bleiben, in seculum seculorum.

Momentane Abwesenheit ist gut, denn in der Gegenwart sehen sich die Dinge zu gleich, um sie zu unterscheiden. Selbst Türme erscheinen in der Nähe zwerghaft, während das Kleine und Alltägliche in der Nähe betrachtet zu sehr wächst. So ist es mit den Leidenschaften. Kleine Gewohnheiten, die durch die Nähe, mit der sie einem auf den Leib rücken, leidenschaftliche Form annehmen, verschwinden, sobald ihr unmittelbarer Gegenstand dem Auge entrückt ist. Große Leidenschaften, die aus der Nähe ihres Gegenstandes die Form von kleinen Gewohnheiten annehmen, wachsen und nehmen ihr naturgemäßes Maß wieder ein durch die Zauberwirkung der Ferne. So ist es mit meiner Liebe. Du brauchst mir nur durch den bloßen Traum entrückt zu sein, und ich weiß sofort, dass die Zeit ihr nur dazu gedient hat, wozu Sonne und Regen den Pflanzen dient, zum Wachstum. Meine Liebe zu Dir, sobald Du entfernt bist, erscheint als was sie ist, als ein Riese, in die sich alle Energie meines Geistes und aller Charakter meines Herzens zusammendrängt. Ich fühle mich wieder als Mann, weil ich eine große Leidenschaft fühle, und die Mannigfaltigkeit, worin uns das Studium und moderne Bildung verwickeln, und der Skeptizismus, mit dem wir notwendig alle subjektiven und objektiven Eindrücke bemängeln, sind ganz dazu gemacht, uns alle klein und schwach und quengelnd und unentschieden zu machen. Aber die Liebe, nicht zu Feuerbachschen Menschen, nicht zum Moleschottschen Stoffwechsel, nicht zum Proletariat, sondern die Liebe zum Liebchen und namentlich zu Dir, macht den Mann wieder zum Mann.

Du wirst lächeln, mein süßes Herz, und fragen, wie ich auf einmal zu all der Rhetorik komme? Aber könnte ich Dein süßes weißes Herz ans Herz drücken, so würde ich schweigen und kein Wort sagen. Da ich nicht küssen kann mit den Lippen, muss ich mit der Zunge küssen und Worte machen. Ich könnte in der Tat sogar Verse machen und Ovids „Libri Tristium", zu teutsch Bücher des Jammers, nachreimen. Er war bloß vom Kaiser Augustus verbannt. Ich aber bin von Dir verbannt, und das begriff Ovid nicht.

Es gibt in der Tat viele Frauenzimmer auf der Welt, und auch einige darunter sind schön. Aber wo finde ich ein Gesicht wieder, wo jeder Zug, selbst jede Falte die größten und süßesten Erinnerungen meines Lebens wieder erweckt? Selbst meine unendlichen Schmerzen, meine unersetzlichen Verluste lese ich in Deinem süßen Antlitz, und ich küsse mich weg über den Schmerz, wenn ich Dein süßes Gesicht küsse. „Begraben in ihren Armen, auferweckt von ihren Küssen" – nämlich in deinen Armen und von deinen Küssen, und ich schenke den Brahmanen und dem Pythagoras ihre Lehre von der Wiedergeburt und dem Christentum seine Lehre von der Auferstehung. …

Ade mein süßes Herz. Ich küsse Dich viel tausendmal und die Kinder.

Dein Karl [an Jenny Marx, 21.6.1856]

Wechsel

von Stefan George

Ich sah sie zum erstenmal … sie gefiel mir nicht:
Es ist an ihr nichts schönes
Als ihre schwarzen schwarzen haare.
Mein mund berührte sie flüchtig eines tags
Und sehr gefielen mir ihre haare
Und auch ihre hand …
Es ist an ihr nichts schönes
Als ihre haare – ja – und ihre feine hand.
Ich drückte sie etwas wärmer eines tags
Und sehr gefiel mir ihre hand
Und auch ihr mund.
Heute ist nichts mehr an ihr
Was mir nicht sehr gefiele
Was ich nicht glühend anbetete.

☆☆☆

Die Ginsterblätter beginnen zu gilben.
Nun kommen die Nächte,
in denen es süß ist,
nicht allein zu schlafen.

Unbekannter Dichter

Warum haben Sie geheiratet?

– Das war ganz logisch: Wir liebten einander und wollten zusammen eine Familie gründen. – *Keri S.*
– Er ist der liebenswürdigste Mann, dem ich je begegnet bin. – *Betsy F.*
– Er hat mein Herz im Sturm erobert. Und das will etwas heißen, ich bin nämlich etwas schwerfällig. – *Karen B.*
– Er bringt mich zum Lachen. – *Ellen R.*
– Ich kann mir gar nicht vorstellen, ohne ihn zu leben. – *Gretchen T.*
– Er ist mein bester Freund. – *Jenny T.*
– Es war Liebe auf den ersten Blick, vor fünfundzwanzig Jahren. – *Keesha W.*
– Er glaubte an mich. – *Monica F.*
– Wir wollten dasselbe im Leben. – *Lucy R.*
– Ich liebte die Form seines Nackens. – *Meine Mutter Patricia Margaret*

☆☆☆

Mein Herz ist wie ein singender Vogel,
Des Nest gebaut an rauschendes Wehr
Mein Herz ist wie ein Apfelbaum
Mit Ästen hängend von Früchten schwer.
Mein Herz ist wie eine schimmernde Muschel,
friedlich treibend durch stilles Meer.
Mein Herz ist nimmermehr beklommen,
weil mein Liebster ist gekommen.

CHRISTINA ROSSETTI

Vater werden

von Matthias Claudius

Sonst tu ich Dir noch berichten, dass ich itzo, Gott sei tausendmal Dank!, drei Kinder hab' und auf's andre halbe Dutzend losgehe. Du kannst nicht glauben, Andres, was ein Fest es für mich ist, wenn der Adebär ein neues Kind bringt, und die Sach nun glücklich getan ist und ich's Kind im Arm habe. Kann sich keine Truthenne mehr freuen, wenn die Küchlein unter ihr aus den Eiern hüpfen. „Da bist du, liebes Kind“, sag ich dann, „da bist du! sei willkommen! – es steht dir nicht an der Stirne geschrieben, was in dieser Welt über dich verhängt ist, und ich weiß nicht, wie es dir gehen wird, aber gottlob, dass du da bist! und für das übrige mag sich der Vater im Himmel sorgen.“ Dann herz' ich's, beseh's hinten und vorn und bring's der Mutter hin, die nicht mehr denket der Angst! und denn die alten Kinder auf die Erde gelegt, und in Gottes Namen oben drüber weg, und über Tisch und Bänke.

Leb wohl Andres.
Dein
Seindiener etc

Glück mit Kindern?

von Gabriele Hartlieb

Groß wie das Spektrum der Gefühle.
Gefährdet wie ein Seiltänzer.
Verspielt wie ein Bach im Sommer.
Stark wie ein Sturm.
Unscheinbar wie ein Pfannkuchen.
Schmerzhaft wie ein Stich ins Herz.
Überwältigend wie ein Sonnenaufgang.
Nervtötend wie ein Froschkonzert.
Unmöglich wie die Hoffnung.
Zum Lachen wie ein junger Hund.

Lebendig wie du.

☆☆☆

„Versprich mir, dass du nie stirbst", flüstert der vierjährige Johannes seiner Mutter ins Ohr. Es ist Sommer, die Urlaubssonne glitzert über'm Wasser, sie haben alle Zeit der Welt. Es ist gut. Und er sieht nicht ihre Tränen hinter der Sonnenbrille.

Vor allem Geduld

von Pat Connor

Am 2. Februar 1983 brach in dem Haus, in dem ich damals mit einigen anderen Geistlichen lebte, ein Feuer aus. Wir verloren dabei unsere gesamte Habe.

In einer ungemein großzügigen Geste der Gastfreundlichkeit boten uns Menschen aus den umliegenden Kirchengemeinden an, in der Zeit, in der unser Haus wieder aufgebaut wurde, bei ihnen zu wohnen. Was für eine unschätzbare Tugend die Gastfreundschaft doch ist!

Ich kam bei einer sehr netten Familie unter. Drei Monate lang wohnte ich in ihrem Souterrain, wo mir ein neurotischer Hund und ein Hamster Gesellschaft leisteten. Außerdem gehörten vier Kinder im Alter von vier bis zwölf Jahren zum Haushalt. Da ich mein ganzes Leben lang als Priester gelebt hatte, habe ich stets die Ruhe und Muße eines egoistischen Junggesellendaseins genossen. Ich war dieses Familienchaos und dieses ständige Sich-in-die-Quere-Kommen nicht gewohnt. Es machte mich wahnsinnig.

Ich konnte es nicht ertragen. Ich konnte die immerwährende Geräuschkulisse, das ewige Herumwuseln und Bellen nicht aushalten, das sich mit einem unaufhörlichen Stimmengewirr verband.

„Mom, wo sind meine Ballettschuhe?"

„Liebling, hast du meine Schlüssel gesehen?"

„David, lass den Hund in Ruhe."

Man mag mich undankbar nennen, aber ich wusste, wenn ich nicht sehr bald von hier fort käme, würde ich vielleicht jemanden umbringen. (Stellen Sie sich die Schlagzeilen vor!) Also packte ich meine Sachen. Ehe ich auszog, konnte ich es mir nicht verkneifen, der Frau des Hauses ein paar Fragen zu stellen.

„Maggie, wie schaffen Sie das? Wie können Sie so geduldig bleiben bei all diesen Anforderungen, die ständig an Sie herangetragen werden?“, wollte ich wissen.

„Na ja, Pat“, erwiderte sie. „Wir sind schließlich Katholiken.“

„Ja, und?“, antwortete ich.

„Wir glauben an die Todsünden.“

„Ja, und?“, sagte ich wieder. Ich kann zuweilen ein wenig begriffsstutzig sein.

„Nun, jeder Mensch hat nun einmal Fehler und Schwächen, nicht wahr?“, erwiderte sie.

Dem konnte ich nicht widersprechen.

„Na, dann denken Sie doch einmal über die Folgen nach. Wenn wir alle Fehler und Schwächen haben, wäre es dann nicht geradezu absurd, von anderen Menschen zu erwarten, dass sie sich rational verhalten? Ich meine, *ständig* rational verhalten? Sobald man anfängt zu erwarten, dass nun … also, dann wird man seines Lebens nicht mehr froh.“

Damit gab ich mich aber noch nicht zufrieden. „Und was bedeutet das in der Praxis?“

Sie lächelte mich an: „Ich gestehe meinem Mann zwei Verrücktheiten pro Tag zu“, sagte sie. „Meinen Kindern gestehe ich drei Verrücktheiten pro Tag zu. Und *Ihnen* habe ich vier zugestanden.“

Ich war abgestraft.

Mitten in all diesem Chaos hatte ich anscheinend eines der Grundprinzipien der Liebe vergessen: die Langmut. Hier war eine Frau, die sich eine unanfechtbare Weisheit zu eigen gemacht hatte – nämlich, dass die Natur des Menschen unvollkommen ist – und sie nutzte, um bei ihren täglichen Anforderungen und im Umgang mit mir (!) Geduld aufzubringen.

Nachdem ich ihr für die Großzügigkeit gedankt hatte, mit der sie mich in den vergangenen Monaten bei sich aufgenommen hatte, verließ ich ihr Haus und wohnte von da an mit zwei Priestern zusammen, die nicht miteinander sprachen. Damit kam ich mühelos zurecht!

Großeltern

von Verena Kast

Ein 68-jähriger Mann erinnert sich, wie er mit den Großeltern Mühle gespielt hatte. Sie ließen ihn manchmal gewinnen. Später, als er es besser konnte, wollte er nicht mehr, dass sie ihn gewinnen ließen.

Er erinnerte sich daran, dass es bei den Großeltern nach gebratenen Äpfeln geduftet hatte. Er ließ sich länger über diesen Duft aus. „So hat es nur bei den Großeltern geduftet. Wenn es annäherungsweise so bei jemandem duftet, dann bin ich emotional verloren: Dann vertraue ich blind …"

Mit wem hatte er eigentlich gespielt? Abwechslungsweise mit Großmutter und Großvater:

„Ich sehe mich noch: mit langen Haaren, die mir ins Gesicht fielen, begierig zu spielen – und die beiden wollten auch spielen, sie stritten manchmal, wer jetzt dran sei. Meine Lust am Spiel, meine Freude am Spiel, meine Spielgier – ich habe sie geteilt mit meinen Großeltern." Das war wirklich eine geteilte Freude! Freude, Stolz und Geborgenheit vereinten sich hier. Es macht einen großen Unterschied, ob Erwachsene mit Kindern spielen, weil es sich halt so gehört, oder ob sie selber davon gepackt sind. Erst dann fühlen sich Kinder in ihrem Wunsch nach einem spannenden Spiel auch wirklich akzeptiert, und die gemeinsame Freude lässt große Verbundenheit und Nähe entstehen.

Diese Erinnerungsspur führt zu anderen Erinnerungen: Eigentlich liebte er mehr bewegte Spiele. Er spricht von den Rollschuhen, die er bekommen hatte und auf die er so stolz war und beschreibt, wie er sich damit in die Kurven legen konnte. Und während er erzählt, führt sein Körper andeutungsweise eine elegante Kurvenbewegung durch. Und dann die Schlittschuhe …

Die Erinnerungsspur führte ihn aber auch zu „Pleiten" wie er sagte: Diese Wasserschluckerei beim Versuch, schwimmen zu lernen: „Wasser ist einfach nicht mein Element, noch heute nicht. Es ist mir zu nass, zu kalt …"

Er kommt wieder zurück auf die Großeltern: Sie waren so begierig zu spielen.

Dann sucht er den richtigen Ausdruck: Es war begieriges, begeistertes, enthusiastisches, leidenschaftliches Spielen. Gibt es diese Erfahrungsqualität noch heute?

Er erinnert sich, zeitnah an diesen Spielerlebnissen, dass er sich für bestimmte Themen intensiv interessiert hatte. Er erinnert sich, dass er einmal fast alles über die Würmer wusste und wundert sich: „Heute interessieren die mich überhaupt nicht mehr. Aber ich kann mich hinein versetzen in dieses leicht aufgeregte Interesse. Gerade das hat meine jetzige Arbeit nicht", fügt er bedrückt an.

Er geht zurück zu den Großeltern. Der Großvater starb, als er zwölf war: Die Erfahrung von Tod, der Verzweiflung seiner Mutter.

„Mit Großmutter habe ich immer noch gespielt, auch Karten und Scrabble. Sie bekam dann die Irrungen und Wirrungen mit den Mädchen mit. Sie riet mir – etwas altmodisch, sie wurde grausam verlegen, wenn ich sie nach Verhütung fragte. Es störte sie, dass ich so fordernde Mädchen hatte. ‚Ist denn auch etwas Freundliches in der Beziehung, etwas Warmes?' Das ist ein Großmuttersatz, den ich nie vergesse. Als ich mich von meiner ersten Frau getrennt habe, sagte meine Großmutter: ‚Sie ist sicher sehr interessant, gescheit und auch hübsch, aber zum Leben braucht man auch Wärme.' Insgeheim habe ich mich verstanden gefühlt von der Großmutter."

Beste Freundin

von Katharina Schridde

Marlene Dietrich hat die wohl schönste Liebeserklärung gesungen, die der besten Freundin je von ihrer besten Freundin gemacht wurde. Augenzwinkernd, frech und sehr wahr und zärtlich umspielt sie mit ihrem Lied eine der köstlichsten Begegnungen, die einer Frau widerfahren kann – die Begegnung mit der besten Freundin. (Ob der beste Freund eines Mannes ein ebenso wunderbares Geschenk ist, ist zu hoffen und jedem Mann zu wünschen! Vielleicht könnte ein Mann einmal etwas dazu schreiben?)

Das Lied der Marlene Dietrich malt das gesungene Bild in deutlichsten Farben: Es ist Sommer, ein leichter, fröhlicher, leise prickelnder Hauch liegt über Stadt und Land, das Leben selbst scheint wie Sekt unter der Haut zu perlen und der eigene Geist wird übermütig und ausgelassen. Freigelassen – frei gelassene Lebenslust, frei gelassene Freude an einander und an sich selbst, frei gelassene Liebe zu allem, was lebt und webt und atmet. Ohne Absicht und Ziel, aus lauter inniger Freude sind die beiden beieinander, es geht um nichts und um alles:

Wenn die beste Freundin mit der besten Freundin durch die Straßen latschen, um dabei zu quatschen, spricht die beste Freundin zu der besten Freundin: „Meine beste, meine beste Freundin"… Oh meine beste Freundin, oh meine süße Freundin, oh meine liebe Freundin, meine beste Freundin …

So singt Marlene Dietrich ihrer Freundin zu, die so Gemeinte stimmt ein und schließlich auch der Mann, der sich als Dritter im Bunde fröhlich mitfreuen kann an dieser Frauenliebe.

So zeigt sich die Beziehung zwischen zwei Freundinnen im besten Fall: voll inniger Nähe, voller Liebe um ihrer selbst willen. Die andere wird erkannt als Gleiche und bleibt doch so lockend und faszinierend anders. Beides hat Raum: da bist ganz du, da bin ganz ich – gleich fühlend, denkend, handelnd und doch gerade so weit entfernt, dass ich dich, Freundin, ansehen kann und ein fremdes, scheues, rufendes und wiederliebendes Wesen in dir erkenne und finde.

☆☆☆

So bist du meinem sinn wie brot dem leibe
Wie süss gewürzter regen ist fürs feld.

William Shakespeare/ Stefan George

Die sieben Gründe für Freundschaften

von Wolfgang Krüger

Welch eine kostbare Blume
ist die Freundschaft,
ohne sie kann selbst ein
starker Mann nicht lange leben.

ROBERT WALSER

Als ich vor vielen Jahren damit begann, Freundschaftsberatungen durchzuführen, stieß ich auf ein großes Interesse. Die meisten Teilnehmer hatten eine Partnerschaft, aber das reichte ihnen nicht. Sie waren durchaus bereit, mehr Zeit in ihre Freundschaften zu investieren, denn sie hatten den Eindruck, dass sie ihre Freundschaften bisher vernachlässigt hatten. Sie waren mehrheitlich fest entschlossen, sich wieder stärker um ihre Freundschaften zu kümmern. *„Durch gute Freundschaften wird man viel lebendiger und beschwingter. Und man fühlt sich sicherer, als wäre man irgendwo angekommen, man ist nicht mehr so einsam. Man verliert viel im Leben, wenn man seine Freundschaften vernachlässigt"* – lautete die übereinstimmende Einsicht der Teilnehmer.

Ich erlebte jedoch auch eine bemerkenswerte Ausnahme. Eines Tages kam ein älterer, ziemlich vermögender Geschäftsmann zu mir, der auf mich einen abgekämpften Eindruck machte. Sein Geschäft lief gut, seine Ehe schlecht und er lebte sehr einsam. Er litt vor allem unter schweren Schlafstörungen. Im Laufe der Gespräche hatte ich den Eindruck, dass seine Schlafstörungen die Folge eines starken Gefühls der Ungeborgenheit und Einsamkeit waren. Dieser Geschäftsmann hatte niemanden, mit dem er wirklich reden konnte. Seine Frau war immer sehr mürrisch, und als ich ihn im Laufe der Gespräche fragte, ob ihm nicht Freunde fehlten, antwortete er fast gereizt: „*Meine Frau ist wichtig für den Haushalt und manchmal ist da auch noch … na, das Sexuelle. Auch meine Geschäftspartner nützen mir was. Doch was bringen mir Freunde?*" Ich muss gestehen, dass ich zunächst etwas verblüfft war. Ich erläuterte ihm, inwiefern Freundschaften sein Leben bereichern und zu einer Heilung seiner Schlafstörungen beitragen könnten. Doch die nüchterne Frage nach dem Nutzen der Freundschaften beschäftigte mich weiter. Kennen wir denn den ‚Nutzen' der Freundschaften? Würden wir nicht viel mehr für unsere Freundschaften tun, wenn wir wüssten, wie sehr wir selbst davon ‚profitieren'? Als ich diese Frage in einer Kleingruppe besprach, antwortete ein junger Student der Betriebswirtschaft: „*Wir ahnen alle, dass es uns besser gehen würde, wenn wir gute Freundschaften hätten. Doch wir wissen es nicht genau. Vielleicht ist das so wie mit der gesunden Lebensweise: Man ahnt, dass es gut wäre, abzunehmen, das Rauchen einzustellen und mehr Gemüse zu essen. Doch man kann sich den Erfolg nicht plastisch genug vorstellen und ist deshalb nicht genügend motiviert, seine Lebensweise wirklich umzustellen. Und es macht ja keinen Sinn, wenn man sich dann sagt: Du musst Freundschaften haben. Man kann das schon spüren, sonst wird das nichts.*" Es stimmt schon, dass die Freundschaften oft Stiefkinder sind. Kaum jemand kommt doch auf den Gedanken, soviel Zeit und Kraft in seine Freundschaften zu investieren wie in die Partnerschaftssuche. Mancher verbringt heutzutage fast eine Stunde am Tag im Internet, um den passenden Partner zu finden. Andere gehen wochenlang zu einem Coach, um sich in den beruflichen Bewerbungsgesprächen richtig präsentieren zu können. Und oft gehen wir zweimal in der Woche ins Fitness-Studio. Doch wer kümmert sich so intensiv um seine Freunde? Insofern glaube ich, dass wir uns die Bedeutung von Freundschaften immer wieder bewusst machen müssen. Unser Leben könnte erheblich stabiler und glücklicher werden, wenn wir die Kunst der Freundschaft erlernen würden.

1. Mit guten Freundschaften lebt man länger

Gute Freundschaften sind ein Lebenselixier. Wir brauchen sie so nötig wie das Wasser, die Nahrung und die Luft. Ohne Freunde können wir nicht leben. Nun wird mancher feststellen, dass er viele Menschen kennt, die keine Freunde haben. Doch was ist das für ein Leben? Und wenn ein Mensch überhaupt keine Freunde hat, ist dann nicht sein Leben vorzeitig zu Ende? Schon immer wussten wir um die Tatsache, das Frauen, die im Allgemeinen wesentlich bessere Freundschaften als Männer haben, etwa acht Jahre länger leben. Diese Erkenntnisse wurden nun durch australische Forscher untermauert. In einer Langzeitstudie verfolgten sie 10 Jahre lang das Leben von 1500 Menschen, die älter als 70 Jahre waren. Hierbei zeigte sich, dass sich ihr Leben bei intensiven freundschaftlichen Verbindungen deutlich verlängerte, während enge Kontakte zu Kindern und Verwandten die Lebenserwartung nur unwesentlich beeinflussten. Die Teilnehmer mit dem stärksten Netzwerk hatten eine um 22 Prozent höhere Lebenserwartung als jene Menschen mit den wenigsten Freundschaften.

2. Gute Freunde stärken das Immunsystem

Es ist ein beruhigendes Gefühl, sich im Notfall auf seine Freunde verlassen zu können. Gute Freunde geben uns ein Gefühl der Sicherheit. Sie bewirken, dass sich um uns herum ein unsichtbarer Schutzwall aufbaut, der unsere Seele und unseren Körper umgibt. Viele Ärgernisse und Schwierigkeiten des Lebens können an diesem Wall abprallen, weil wir uns durch unsere Freundschaften in dieser Welt trotz all ihrer Probleme geborgen fühlen. Fehlen uns solche Freundschaften, besteht die Gefahr, dass der durch die großen und kleinen Schwierigkeiten verursachte Stress allmählich unser Leben bestimmt. Man könnte auch sagen, dass Freundschaften der ‚Vorgarten der Seele und unseres Körpers' sind. Ohne diesen ‚Garten' sind wir sowohl seelisch als auch körperlich sehr verwundbar. Wir können dann in Belastungssituationen sogar ernsthaft erkranken, weil uns die notwendigen körperlichen Abwehrkräfte fehlen.

Wenn jemand für längere Zeit eine körperliche Krankheit hat, wird ein kluger Arzt immer die Frage nach dem Immunsystem des Patienten stellen. Er weiß, dass die Abwehrkraft eines Menschen entscheidend von seiner Lebensstimmung, seiner Lebensfreude und somit auch von seinen Beziehungen abhängt. Kurz gesagt: Mit guten Freundschaften lebt man gesünder. Das hat auch der amerikanische Psychologe John Jemmot nachgewiesen. Er untersuchte die Reaktionen des Immunsystems von 257 Frauen und Männern. Zuvor erfragte er, wer von ihnen gute Freundschaften hatte und wer eher auf Geld und Macht Wert legte. Dabei zeigte sich, dass die Teilnehmer, denen gute Freundschaften wichtig waren, bessere Abwehrkräfte hatten. Gute Freundschaften können deshalb eine Medizin für einen kranken Menschen sein. Doch wie würden Sie reagieren, wenn Ihr Arzt auf den Rezeptblock schriebe, Sie sollten sich gute Freunde suchen? So merkwürdig wäre das gar nicht. Ist es nicht problematisch, dass jedes Jahr viele Millionen für Medikamente gegen Schlafstörungen ausgegeben werden? Es gilt daher, die Mahnungen Francis Bacons zu beherzigen. Dieser meinte schon vor mehr als 400 Jahren, es gäbe zwar viele Arzneien gegen körperliche Beschwerden, „aber keine Arznei erschließt das Herz so wie ein treuer Freund, dem man seine Leiden und Freuden, Ängste und Hoffnungen, seine Sorgen und Geheimnisse und alles, was sonst noch das Leben bedrückt, gleichsam wie in einer Art von weltlicher Beichte bekennen kann."

3. Freundschaften verringern Sorgen

Freundschaften beruhigen unser ‚Nervenkostüm'. Zwar kann man einwenden, dass konfliktreiche Freundschaften auch sehr viel Stress verursachen können. Das stimmt natürlich. Schwierige Freundschaften können sogar Krankheiten auslösen. Das zeigte jedenfalls die Erfahrung der 40-jährigen Angestellten Petra, die immer ein Bedürfnis nach sehr engen Freundschaften hatte. Eine solche Busenfreundschaft war vor einigen Wochen auseinandergegangen. Petra litt seelisch sehr stark unter der Trennung und erkrankte schließlich so schwer, dass sie der Hausarzt an mich überwies. In einem Vorgespräch erzählte mir Petra: *„Ich hatte eine sehr enge Freundschaft mit einer Sportkollegin. Wir waren meist ein Herz und eine Seele. Manchmal sagte mein Mann, wir seien wie ‚das doppelte Lottchen'. Wir konnten über vieles reden, da wir ähnliche Interessen hatten. Doch plötzlich hatte sie noch eine andere Freundin. Es lag Eifersucht in der Luft. Nach einem schwelenden Streit ging die Freundschaft auseinander. Heute grüßen wir uns kaum noch. Mir hat das sehr zugesetzt. Ich bekam plötzlich eine schwere Erkältung und eine chronische Stirnhöhlenvereiterung. Ich glaube, ich war nach der Beendigung der Freundschaft wirklich seelisch unterkühlt und verschnupft."*

Leider gilt sowohl in der Liebe als auch in der Freundschaft die alte Erkenntnis: Das, was uns glücklich machen kann, kann uns auch verletzen. Unverletzlich sind wir nur dort, wo wir gleichgültig sind. Daher ändern negative Erfahrungen nichts an der Tatsache, dass gute Freundschaften eine sehr beruhigende, Spannung reduzierende Wirkung haben. Ein Gespräch unter guten Freunden dämpft Sorgen und reduziert Ängste. Insofern tragen solche Freundschaften zur seelischen und körperlichen Gesundheit bei. Deshalb war ich nicht überrascht, dass ich bei vielen Patienten, die unter starken psychosomatischen Störungen litten, einen auffälligen Mangel an guten Freundschaften diagnostizierte. Vor allem bei Kopfschmerzen, Migräne, Schlafstörungen, Bluthochdruck und psychisch bedingten Hautproblemen fiel mir auf, dass die Patienten kaum Freunde hatten, mit denen sie offen über sich reden konnten. Dadurch ergab sich für sie ein innerer Stress, der letztlich zu den psychosomatischen Symptomen führte. Besonders wichtig sind die freundschaftlichen Gespräche natürlich für jene Menschen, die ständig unter dem Gefühl leiden, irgendeine Krankheit zu haben. Das reduziert die Angst vor dem Krebs, einem Herzleiden und anderen Krankheiten erfahrungsgemäß ganz erheblich. Im Idealfall kann man mit einem Freund über alles reden und muss selbst heikle Themen nicht aussparen. Sehr anschaulich fand ich diesen Gedanken bei den nordamerikanischen Indianern ausgedrückt. Für sie ist der Freund ein Mensch, „der meine Sorgen auf dem Rücken trägt".

4. Freunde als Hilfe in der Not

Nicht jeder wendet sich an Freunde, wenn er Probleme hat oder gar unter einer schweren Krankheit leidet. „Blut ist dicker als Tinte und auf die anderen Beziehungen würde ich mich schon gar nicht verlassen", – meinte erhitzt ein älterer Diplom-Ingenieur, als wir in einer Therapiegruppe über die Bedeutung der Freundschaften sprachen. Er war überzeugt, dass er sich im Krankheitsfall nur auf seine Eltern verlassen könne. Blutsbande seien eben fester als die Tinte eines Ehevertrags. Und auf Freunde würde man im Notfall schon gar nicht bauen können. Ich selbst habe bisher andere Erfahrungen gemacht und fand deshalb eine internationale Studie interessant, in der die Frage gestellt wurde, von wem man sich Hilfe in Notsituationen erwarten würde. Bei seelischen Problemen und schwerwiegenden Entscheidungen würden sich fast 28 Prozent der Befragten an den Partner und über 18 Prozent an Freunde wenden. Nur 8,7 Prozent würden zu ihrer Mutter, 3,7 Prozent zu ihrem Vater und 1,1 Prozent zu ihrem Pfarrer gehen. Offenbar haben die Freunde für die meisten Menschen in Notsituationen neben dem Partner die größte Bedeutung. Das habe ich gerade in den letzten Tagen eindrucksvoll feststellen können. Mein bester Freund kam überraschend ins Krankenhaus, viele Freunde boten ihre Hilfe an. Es war eine ungeheure Solidarität und auch dies wird dazu beigetragen haben, dass mein Freund die Kraft fand, die schwere Krankheit zu überwinden.

5. Freunde stabilisieren unser Ich

Es wird immer wieder Zeiten im Leben geben, in denen wir unsere Aufmerksamkeit stärker auf den Beruf oder den Partner konzentrieren. Doch spätestens dann, wenn uns gute Freunde verlassen oder für lange Zeit nicht erreichbar sind, werden wir sie vermissen. Bald wird uns der Austausch mit unserem Freund fehlen. Unser Ich wird ein wenig wackliger. Es wird poröser wie ein Gestein, das den Schadstoffen der Luft ausgesetzt ist. Denn wie der Balken in einem Fachwerkhaus sind die Freundschaften wichtig für unsere innere seelische Struktur. Fehlen solche Freundschaften, sind wir anfällig für eine Depression und Angststörungen. Solange wir in den üblichen Bahnen des Alltags leben, werden wir das Freundschafts-Defizit nicht unbedingt bemerken. Sobald wir aber etwas unternehmen, das unser Selbstbewusstsein strapaziert, wird uns bewusst, dass der stabilisierende Einfluss der Freunde fehlt. Ich selbst rufe gern meine guten Freunde an, bevor ich beispielsweise ein wichtiges Fernseh- oder Rundfunkinterview gebe. Das dämpft mein Lampenfieber etwas. Ich bin immer irritiert, falls ich keinen meiner Freunde erreiche. Mit großer Anteilnahme las ich deshalb, dass auch Franz Kafka unruhig wurde, wenn sein bester Freund Max Brod für längere Zeit abwesend war. Er fühlte sich geradezu amputiert und äußerte, er habe ein Periskop – eine Sehhilfe – eingebüßt.

6. Durch Freundschaften können wir Krisen bestehen

Am stärksten sind wir auf unsere Freunde in Krisenzeiten angewiesen. Krisen werden immer durch extreme Verunsicherungen ausgelöst. Wer hat nicht schon solche Krisen erlebt, die oft damit zusammenhängen, dass wir aus dem gewohnten sozialen Rahmen herausgerissen werden? Wer sich von seinem Partner trennt oder ihn durch den Tod verloren hat, wird die Verzweiflung kennen, die man nur mit guten Freunden überwinden kann. Diese sind bereit, sich immer wieder die Sorgen und Kümmernisse anzuhören, auch wenn man tage- und wochenlang von den gleichen Ängsten erzählt. Stehen solche Freunde nicht zur Verfügung, kann ein Mensch gleichsam das Gefühl haben, in ein dunkles Loch zu stürzen. In den letzten Jahren habe ich viele Gespräche mit Menschen geführt, die nach einer Trennung in eine tiefe Krise geraten waren. Sie hatten den festen Boden unter den Füßen verloren.

So erging es auch dem 35-jährigen Uwe, der als Programmierer tätig ist. Er ist ein etwas hitziger junger Mann, der leicht mit anderen in Konflikt gerät. Auch mit seiner Frau gab es deshalb viele Auseinandersetzungen. Trotzdem hing er sehr an ihr. Sie hatte Bewegung in sein Leben gebracht und immer wieder jene Nähe hergestellt, die er brauchte. Außer ihr kannte er niemanden, dem er sich anvertrauen konnte. Uwe erzählte mir: „Ich stamme aus einer gefühlsmäßig sehr kargen Familie und hatte nie richtige Freundschaften. Ich hatte nur Freunde, mit denen ich Skat spielte und Bier trank. Doch bei meiner Frau fühlte ich mich geborgen. Als sie sich von mir trennte, riss in mir ein Faden. Ich lief wochenlang wie mit einer Mattscheibe durch die Gegend und zog mich immer mehr von allem zurück."

Ähnliche Krisen können auch ausgelöst werden, wenn man seine Arbeit verliert. Neben den finanziellen Problemen ergibt sich dann das Problem der Lebensgestaltung. Die Selbstachtung sinkt, wenn man längere Zeit keiner sinnvollen Beschäftigung nachgeht. Man wird gereizt und depressiv, und darunter leidet auch die Partnerschaft. Wer sich dann nicht auf Freunde stützen kann, wird leicht in eine Krise geraten. Zu einer vernünftigen Krisenabwehr gehört es offensichtlich, dass man sein Leben auf drei Beine stellt: die Liebe, die Arbeit und die Freundschaften. Alfred Adler war der Überzeugung, dass dies die drei Lebensaufgaben sind, die wir lösen müssen. Es ist verhängnisvoll, wenn wir eine dieser Lebensaufgaben vernachlässigen. Wir müssen immer damit rechnen, dass ein ‚Lebensbein' vorübergehend ausfällt. Nur wer diese drei Lebensbereiche wirklich pflegt, wird auch in einer Krise immer noch auf zwei Beinen stehen können. Insofern sollten wir wie ein guter Kaufmann eine ‚Risikostreuung' vornehmen und unser Lebensinteresse nicht nur auf die Liebe und die Arbeit, sondern auch auf Freundschaften richten.

7. Sicherheit: eine Freundschaft als unzerreißbares Band

Es hat mich immer sehr beeindruckt und hoffnungsfroh gestimmt, welche Krisen Menschen meistern konnten, wenn sie gute Freunde hatten. Doch manchmal ist der Begriff ‚Krise' noch zu schwach. Wenn wir sehr schwer erkranken und wissen, dass wir sterben werden, ist dies buchstäblich ein Weltuntergang. Wenn der Boden unter unseren Füßen bebt – brauchen wir Freunde, die zu uns halten. Wie stabilisierend Freunde sein können erlebten viele Menschen vor allem in den Zeiten des Krieges. Sogar den Verlust der Heimat konnten sie im Nationalsozialismus überstehen, obgleich sie ihren Wirkungskreis, viele Menschen, ihre Wohnung, ihre vertraute Umgebung verloren. Ihre Seelenstärke kann man nur ermessen, wenn man bedenkt, wie viele diesen Verlust nicht überwinden konnten. Nicht nur Kurt Tucholsky und Stefan Zweig resignierten und setzten ihrem Leben vorzeitig ein Ende. Unzählige andere verkrafteten den Verlust der Heimat nicht, wurden nie heimisch im Exil. Umso bemerkenswerter ist für mich die Stellungnahme von Carl Zuckmayer, der in seiner Autobiographie über diese Existenzbedrohung schreibt: *„Die einzige Heilkraft, die es dagegen gibt, der einzige Halt in diesem lockeren Treibsand, ist die Existenz der Freunde. Der alten, angestammten, von denen es auch über Jahrzehnte hinweg keine Entfremdung gibt, und solcher, die plötzlich da sind, als hätte man sie schon immer gekannt, als wäre man schon vor der Geburt, in einem früheren Leben, mit ihnen verbunden gewesen …*

Denke ich an die hellsten und an die schwärzesten Stunden in meinem Leben und im Leben derer, die mir nahestanden, so ist die Freundschaft wie ein festes, sichtbarliches, unzerreißbares Band hindurch geschlungen. In den guten Zeiten war sie eine Steigerung im gegenseitigen Geben und Empfangen. In den Zeiten der Not wurde sie zu einem Anker, an den man sich hielt, zur Lotsenschaft, manchmal zum Rettungsring, und immer, auch in den Niederbrüchen, auch im Geschlagensein, blieb sie ein irdisches Fanal, ein Feuerschiff, ein Signal im Nebel."

Offenbar können uns Freundschaften ein tiefes Gefühl der Sicherheit geben. Was eine gute Mutter für ihr Kind ist, können gute Freundschaften für uns Erwachsene sein. Sie können uns das Gefühl vermitteln, dass wir nie ganz allein, nie den Wechselfällen des Lebens ganz ausgeliefert sind. Sie können das Fundament unseres Daseins sein und uns helfen, auch die dunklen Seiten des Lebens zu überstehen.

☆☆☆

Und so ist es mit der Liebe der Freunde: ohne Mahnung, ohne Rütteln, in aller Stille fällt sie nieder und beglückt. Sie begehrt nichts für sich und gibt alles von sich. FRIEDRICH NIETZSCHE

„Es war eine Entscheidung für Lebensqualität"

von Hans Ruoff

Vor Kurzem noch war sie unterwegs auf der Karriereleiter, und sie hatte beste Aussichten, sehr weit nach oben zu kommen. Sie liebte ihre Arbeit als Mikrobiologin in einer renommierten britischen Forschungsfirma, sie leitete dort eine Gruppe und war international im Geschäft. Ihre Chefs schätzten sie, und das Gehalt war fürstlich. Heute arbeitet Petra Luber wieder in Berlin – als einfache Referentin bei einer Behröde, und für vergleichsweise wenig Geld. Ein klarer Abstieg, aber ein Abstieg aus eigener Entscheidung.

Ihre berufliche Entwicklung hatte sie von Anfang an aktiv in die Hand genommen. Sie ist beweglich, und sie fürchtet sich nicht vor Neuem. Nach dem Abitur macht sie eine Gärtnerlehre und geht ein Jahr nach Frankreich. Dann entdeckt sie ihre Liebe zur Forschung und studiert Biologie. 1992 zieht sie nach Berlin und schreibt ihre Diplomarbeit. Hier lernt sie den Mann kennen, mit dem sie heute verheiratet ist und der später bei ihrer Rückkehr-Entscheidung eine wichtige Rolle spielen wird. „Dass ich dort meinen heutigen Mann kennengelernt habe, war einer der Gründe, der mich bewegt hat, in Berlin zu bleiben und nicht mein Glück in der Ferne zu suchen. Ich war mir schon sicher, dass ich da jemand besonderen getroffen habe, der gut zu mir passt. Und das hat sich ja auch als sehr solide herausgestellt."

Ihre erste Stelle als Diplombiologin findet sie in einem großen privaten Untersuchungslabor. Hier hat sie zum ersten Mal mit dem Thema Lebensmittelsicherheit zu tun und erkennt: Die Lebensmittel-Mikrobiologie ist mein Thema. Sie hat eine Führungsposition, und sie wird gut bezahlt. Doch dann lernt sie die Schattenseiten der freien Marktwirtschaft kennen. „Ich bin krank geworden mit einer Eileiter-Schwangerschaft und war vier Wochen arbeitsunfähig. Als ich wiederkam, hatte ich keinen Arbeitsplatz mehr. Der Besitzer hatte damit gerechnet, dass ich möglicherweise in absehbarer Zeit doch noch mit einer Schwangerschaft sein Einkommen belasten könnte, und er hatte sich entschlossen, sich von mir zu trennen."

Mit ihrem Wissen und ihrer Erfahrung in der Lebensmittel-Mikrobiologie findet sich rasch eine neue Stelle. Bei der Entwicklungshilfe-Organisation GTZ betreut sie die Fortbildung von Wissenschaftlern und Technikern aus aller Welt, unter anderem auch in Thailand. Dann entschließt sie sich zu einer Doktorarbeit. Mit großem Erfolg erforscht sie die Antibiotika-Resistenz bestimmter Infektionserreger, die auf Hähnchenfleisch vorkommen. „Das war auch etwas, was mir an der Lebensmittel-Mikrobiologie so gut gefallen hat: Das ist eine angewandte Wissenschaft, und in dem Bereich geht es ja immer um Lebensmittelsicherheit und um Verbraucherschutz, also man tut was Gutes." 2004 promoviert Petra Luber.

Mittlerweile hat sie eine Projektstelle beim Bundesinstitut für gesundheitlichen Verbraucherschutz und Veterinärmedizin in Berlin. Hier geht es um die Risikobewertung Lebensmittelbedingter Infektionskrankheiten in Deutschland. Petra Luber betreut das Projekt in verantwortlicher Funktion. Inzwischen ist sie fachlich bestens aufgestellt: Sie hat Industrie-Erfahrung, Forschungserfahrung und sie kennt sich aus mit Modellen zur Risikobewertung. „Als sich das Projekt dem Ende näherte, war ich in der glücklichen Situation, dass ich eine perfekte Ausbildung hatte und genau das konnte, was sehr gefragt war im Bereich Lebensmittelsicherheit."

Petra Luber ist jetzt 40, und ihr Mann und sie haben die Familienplanung eingestellt. Also entschließt sie sich durchzustarten. Sie will zurück in die Forschung, will eine feste Stelle und gutes Geld verdienen. Am Ende hat sie die Wahl zwischen der Europäischen Behörde für Lebensmittelsicherheit in Parma und ihrem Traumjob: einer Stelle bei der britischen Forschungsfirma CCFRA. „Ich war Feuer und Flamme. Mit meinem Mann hatte ich mich geeinigt, dass ich erst mal hinfahre und schaue, wie es mir vom Job her gefällt, bevor wir weiter reichende Entscheidungen treffen. Wir hatten uns gesagt: Wir setzen uns erst mal einen Zeitraum von einem Jahr, pendeln, und dann würde er auch nach Großbritannien kommen. Für ihn ergaben sich dort auch sehr gute berufliche Möglichkeiten. Stellenangebote gab es jede Menge für ihn als beratenden Akustik-Ingenieur."

Bald darauf wird sich allerdings herausstellen: Für ihren Mann ist dies eher ein Gedankenspiel. In Wirklichkeit hofft er, dass seine Frau eine Stelle in Berlin bekommt, auf die sie sich zeitgleich beworben hat. Damit hätte sich die Sache mit seinem England-Umzug erledigt. „Wie er hinterher gesagt hat, hat er auch ein bisschen die Scheuklappen hochgefahren und sich gesagt: Das wird schon gut gehen, die wird schon den Job kriegen in Berlin. Und dann war es für ihn ein totaler Schock, als das mit Großbritannien real wurde."

Im Oktober 2005 tritt Petra Luber ihre neue Stelle an. Die Arbeit lässt sich phantastisch an. Alles ist genau so, wie sie es sich gewünscht hatte. Nur: Die Firma sitzt zwei Bahnstunden nordwestlich von London, auf dem Land. „Es war ein kleines, sehr schönes mittelalterliches Dorf, drumherum Hügel und Schafe, und ich war dort sterbensunglücklich. Und ein bisschen schockiert, was ich mir da eingehandelt hatte. Ich habe gemerkt: Alles, was mich glücklich macht, ist so weit weg. Die Kontakte zu Freunden, das kulturelle Leben, Kino, Theater, Ausstellungen. Das war mir vorher gar nicht so bewusst, an wie vielen Dingen ich da gehangen hatte. Dass ich zum Beispiel im Winter jeden Donnerstagabend zum Schlittschuhlaufen gegangen bin auf die Eisbahn, da haben wir so eine lose Vereinbarung, es kommen Freunde vorbei. Das hat mir einfach gefehlt, dass man Möglichkeiten hat, etwas zu unternehmen. Ich habe erst dort gemerkt, wie wichtig mir das ist." Das nächste Kino ist 20 Kilometer entfernt, die Sportmöglichkeiten sind mehr als mäßig, und Kontakte zu Gleichaltrigen gestalten sich schwierig. Die meisten 40-Jährigen sind voll in ihren Familien engagiert.

Zudem zeigt sich: Am Wochenende nach Berlin zu pendeln ist zeitlich unmöglich. Und ihr Mann zweifelt inzwischen an seinen Berufsaussichten in Großbritannien. Als beratender Ingenieur muss er mit Architekten und Behröden verhandeln und seinen Standpunkt als Experte exakt formulieren können. Hier sieht er Probleme. Das ist Petra Lubers Lage im Herbst 2005: ein Traumjob mit besten Aussichten und exzellenter Bezahlung – und ein Privatleben, dass man heulen könnte.

In dieser Situation bekommt sie ein Angebot aus Berlin: eine Stelle als untergeordnete Referentin beim Bundesamt für Verbraucherschutz und Lebensmittelsicherheit. Eine unbefristete Stelle im Öffentlichen Dienst in Berlin ist heute so etwas wie ein Sechser im Lotto, aber für Petra Luber wäre es ein harter Schnitt: Abschied von ihrer geliebten Forschung, keine Führungsverantwortung mehr und weniger als die Hälfte ihres bisherigen Gehalts. Und sie muss sich schnell entscheiden. Berlin drängt, und nur in der Probezeit bei CCFRA kann sie kurzfristig kündigen. An Weihnachten 2005 entscheidet Petra Luber: Ich gehe zurück.

„Es war eine Entscheidung für Lebensqualität und Liebesqualität. Alles war ja auf einmal wieder wunderbar und toll, und ich war so glücklich. Ich habe nur einfach das Gefühl gehabt: Ich habe meine Chance nicht genutzt. Ich habe mich beruflich gescheitert gefühlt zu Anfang. Ich habe mich schlecht gefühlt in den ersten Wochen, weil ich gedacht habe: Mein Gott, das war es jetzt. Jetzt wirst Du hier hocken. Im Amt. Und Du wirst nie mehr viel Geld verdienen mit Deiner Arbeit. Das war schon ein bisschen bitter."

Vier Monate hatte Petra Luber in England gearbeitet. Und sie weiß: Der schnelle Ausstieg bei CCFRA kann ihr in Zukunft noch schaden. „Wenn ich wieder in den privaten Bereich wechseln würde, würde natürlich jeder Arbeitgeber diesen Punkt in meinem Lebenslauf kritisch hinterfragen. Das ist natürlich sehr unstet, da hinzugehen und wieder wegzugehen. Was war das Problem? Der Job war ja toll, und es hat ja gut geklappt. Ich glaube, ich habe keine guten Chancen, noch einmal zu einer großen Firma im Ausland zu gehen. Das ist ein großer Einschnitt, und es wird keinen Weg mehr zurück geben in diese große, bunte, gut bezahlte Welt der Lebensmittelindustrie und der Forschung in diesem Bereich."

Am 1. Februar 2006 tritt sie die neue Stelle in Berlin an. Als untergeordnete Referentin in einem kleinen Büro. Sie hat keine Erwartungen, und nichts deutet darauf hin, dass sie später sagen wird: Es ist fantastisch in diesem Amt.

Bestandsaufnahme: Der Mut zu ehrlicher Bilanz

Petra Luber löste ihre Krise durch Kündigung und Wechsel des Arbeitsplatzes. Dass sie ein neues Angebot hatte, war nicht nur Glück. Sie hatte sich bei diesem Bundesamt schon einmal beworben und dort einen hervorragenden Eindruck gemacht. Jetzt erinnerten sich die Verantwortlichen wieder an sie.

Was aber mache ich, wenn im Fall einer Krise keine neue Stelle vom Himmel fällt? Im schlimmsten Fall gehe ich in Deckung und hoffe, dass das Gewitter vorüberzieht oder dass jemand anderes das Problem für mich löst. Die zweitbeste Lösung ist: Ich fange an, nach einem Ausweg zu suchen. Die beste Lösung ist: Ich habe dies schon getan. „Always have a plan B" – eine Krise kann mich weniger erschüttern, wenn ich weiß: Ich kann auch etwas anderes tun als das, was ich bisher mache. Noch besser ist es, wenn ich schon vorbereitet bin für meinen Plan B. Der positive Nebeneffekt dieses gepackten Rucksacks: Ich bin nicht erpressbar. Ich behalte das Heft in der Hand und kann selbst entscheiden.

Doch auch Alternativen fallen nicht vom Himmel. Finden kann ich sie, wenn ich zunächst eine persönliche Bilanz ziehe:

– Was kann ich noch außer dem, was ich heute mache? Bin ich für einen anderen Beruf oder für eine andere Arbeit qualifiziert? Sind meine Kenntnisse dafür noch auf dem neuesten Stand? Falls nein: Kann ich das ändern?

- Welche andere Arbeit in meiner jetzigen Firma könnte ich mir vorstellen? Einen Aufstieg hin zu mehr Verantwortung? Einen Umstieg in einen anderen Bereich, der mich neu in Schwung bringt? Einen freiwilligen Abstieg hin zu weniger Stress und Verantwortung?
- Gibt es Bereiche außerhalb meiner heutigen Arbeit, die mich ansprechen? Wo ich immer wieder denke: Das wäre doch auch etwas. Gibt es eine Möglichkeit, mich dafür zu qualifizieren, parallel zu meiner jetzigen Arbeit?
- Träume ich von einer ganz anderen Arbeit? Vielleicht als Berater, als Trainer, als Unternehmer?

Auch meinen Partner oder Freunde kann ich fragen: Wie seht ihr mich beruflich? Was denkt ihr, was noch zu mir passt?

Wie dringlich die Suche nach einer Alternative ist, kann ich durch drei einfache Fragen herausfinden. Erstens: Wie geht es mir in meiner heutigen Arbeit? Zweitens: Wie geht es meinen Chefs mit mir? Drittens: Wie geht es meiner Firma?

Wie geht es mir in meiner heutigen Arbeit – „Danke, gut" ist die Floskel für den Alltag, wenn ich jemanden nicht hinter die Kulissen schauen lassen will. Sie hilft mir hier nicht weiter. Zu einer ehrlichen Bilanz gehören Fragen wie: Ist mir meine heutige Arbeit aufs Ganze gesehen mehr Lust als Last? Oder haben sich die Gewichte verschoben? Reichen meine Kräfte noch? Kann ich das Tempo halten? Auch morgen? – Und auf der anderen Seite: Fordert mich meine Arbeit noch heraus? Macht sie mir noch Spaß, oder ist mir langweilig? – Stellen Sie die Gretchenfrage: Ich, in fünf Jahren am selben Arbeitsplatz – ist das ein gutes Gefühl oder ein Albtraum?

Wie geht es meinen Chefs mit mir? – Am einfachsten ist es, wenn ich meinen Vorgesetzten frage. Aber wir wissen: Längst nicht alle Unternehmen pflegen eine Kultur der Klarheit und Offenheit nach innen. Das heißt: Manche Fragen sind tabu oder gelten als Affront. Oder die Antwort ist nicht ehrlich.

Dann muss ich zwischen den Zeilen lesen: Wann hat mich mein Chef das letzte Mal wirklich gelobt? Bekomme ich insgesamt mehr positive oder mehr negative Rückmeldungen? Hat sich das Verhalten meiner Chefs verändert, sind sie reservierter geworden? Bin ich nach wie vor in den für mich wichtigen Mail-Verteilern und bei den entscheidenden Konferenzen?

Wie geht meine Firma mit Älteren um? Entwickelt sie mich noch? Bekomme ich Fortbildungen genehmigt oder schmoren Anträge unerklärlich lange in der Verwaltung? Halten meine Chefs ihre Zusagen mir gegenüber ein? Habe ich einen neuen Chef bekommen, der angekündigt hat, dass er einiges ändern will? – Hier ist die Schlüsselfrage ganz einfach: Wenn die Firma meine Abteilung schließen und jeden dritten Mitarbeiter entlassen würde – wäre ich wohl betroffen?

Wie geht es meiner Firma? – Expandiert sie eher oder stehen Sparmaßnahmen an? Gibt es Einschnitte oder Entlassungen? Wurden Abteilungen verkleinert oder geschlossen? Wurde meine Firma in jüngerer Zeit von einer anderen gekauft oder gab es eine Fusion? Ist die Verlagerung von Arbeitsplätzen im Gespräch? Wie geht es unserer Branche, und wie gut oder schlecht steht meine Firma im Branchenvergleich da? – Hier heißt die Schlüsselfrage: Falls jedes dritte Unternehmen in massive Turbulenzen geriete – wäre meine Firma betroffen?

Viele Fragen also. Aber es hilft nichts: Für einen guten Plan B muss ich mich rüsten, damit mich im Fall der Fälle die Ereignisse nicht überraschen. Aber ich muss nicht alle Fragen alleine klären. Mein Partner und echte Freunde können mir helfen. Oder ich hole mir Unterstützung, etwa in einem Coaching. Das kostet zwar Geld, aber es wird sich lohnen.

Haben oder Sein: Was wirklich wichtig ist

Ein früherer Chef sagte mir vor Jahren: „Wenn Du ein Haus hast, dann haben Sie Dich." Dieser Satz war seine Reaktion auf meine Kündigung. Ich hatte mich dazu entschlossen, weil ich die Freude an meiner Arbeit verloren hatte. Über Jahre hatte ich es spannend gefunden, als Fernsehjournalist zu arbeiten, aber jetzt plagte ich mich nur noch. Als die Nachricht von meinem bevorstehenden Weggang die Runde machte, passierte etwas, das ich bis heute nicht vergessen habe: Gestandene Kolleginnen und Kollegen erzählten unvermittelt von ihrem eigenen Überdruss und von den Träumen jenseits ihrer sicheren, gut bezahlten Stelle. Und sagten im selben Atemzug: Das geht leider nicht. Ich traue mich nicht, ich kann ja nichts anderes, ich brauche das Geld. Wenn Du ein Haus hast, dann haben sie Dich.

Doch so einfach ist die Sache zum Glück nicht. Natürlich ist es ein Unterschied, ob ich ein gut verdienender Single bin oder ob wir eine Familie sind mit nur einem Einkommen – und zwar meinem. Natürlich ist es ein Unterschied, ob ich zur Miete wohne oder ob wir vor Kurzem gebaut haben. Dennoch ist der finanzielle Spielraum meist größer als wir glauben. Urlaub, Auto, Anschaffungen – wir entscheiden, was uns wichtig ist.

Das gesparte Geld kann ich in Fernreisen stecken oder in eine Fortbildung. Wenn ich kein Auto habe, kann ich mir viele Bahn- und Taxifahrten leisten. Wenn ich mehr verdiene als ich brauche, kann ich mir Freizeit kaufen – durch eine Teilzeitstelle oder einen Ansparvertrag für ein Sabbatjahr. Und das Beste daran: Das meiste kann ich testen durch Regelungen auf Zeit. Wenn es mir langweilig ist zu Hause oder wenn das Geld doch nicht reicht, stocke ich eben wieder auf. Meistens genauso wahrscheinlich ist aber, dass ich auf den Geschmack komme. Weil ich erfahre, wie entspannend eine Bahnfahrt sein kann. Weil ich den Unterschied erlebe zwischen einer Fünf- und einer Vier-Tage-Woche. Weil ich jetzt weiß, wie erholsam Wanderferien in Brandenburg sind.

Mit einer Immobilie sieht es zugegebenermaßen etwas anders aus. Nur eine winzige Minderheit kann Haus oder Wohnung heute bar bezahlen. Für uns andere ist es wie mit dem Kinderkriegen: ein bisschen schwanger geht nicht. In guten Zeiten ist das Haus im Grünen ein Quell der Freude, in schlechten wird es schnell zum Mühlstein am Hals. Und keiner garantiert mir, dass ich es notfalls problemlos und kostendeckend wieder verkaufen kann. Was das bedeuten kann angesichts explodierender Energiepreise, sehen wir in den Vorstädten der USA. Ein Grund mehr, mir einen Immobilienkauf doppelt und dreifach zu überlegen. Wenn ich schon gekauft habe, ist mein beruflicher Spielraum enger. Vorhanden ist er trotzdem.

Als Führungskraft tue ich mich mit Teilzeit schwerer, zumindest in Deutschland. Hier gilt immer noch: Je höher die Position und je größer die Verantwortung, desto geringer der Anteil etwa von Teilzeit-Beschäftigten. Doch angesichts des wachsenden Wettbewerbs um Fachkräfte dürfte sich dies ändern. Die Unternehmensberatung Booz Allen Hamilton berichtete schon 2007 stolz, in ihrem Haus mache jeder vierte Berater im Laufe seiner Karriere ein Sabbatjahr oder gehe in Teilzeit. Und in den Niederlanden etwa arbeiten schon heute Manager Teilzeit.

„Downshifting" heißt dieses Herunterschalten im Beruf, das Kürzertreten auch um den Preis eines niedrigeren Gehalts. Ich muss deshalb nicht Diogenes werden, aber wenn ich mit weniger Geld auskomme, steigt die Bandbreite dessen, was ich mir an beruflicher Veränderung leisten kann.

Abschied aus eigener Kraft: Die Kunst des Loslassens

Sportler können es am besten, Führungskräfte und Politiker schaffen es eher selten: das „Wenn es am schönsten ist, soll man aufhören." Ein gern zitierter Satz, aber die Praxis zeigt: Er ist offenbar leichter gesagt als getan. Verdiente Ministerpräsidenten kleben so lange an ihrem Stuhl, bis die Partei rebelliert und ihre langjährige Galionsfigur kippt. Und in den Führungsetagen deutscher Unternehmen werden weit mehr Manager gegangen als von sich aus den Hut nehmen.

Die Gründe für dieses Beharrungsvermögen sind schnell aufgezählt: Geld, Macht, Verblendung und Angst vor der Leere danach. Alle vier sind nachvollziehbar, und alle vier sind kurzsichtig. Früher oder später müssen wir alle abtreten. Spätestens dann muss ich mich mit der Leere auseinandersetzen, spätestens dann müssen andere den Karren ziehen – auch wenn sie in meinen Augen längst nicht so viel Ahnung haben wie ich. Und wenn ich ehrlich bin, weiß ich: Falls ich morgen von einem Auto überfahren werde, geht meine Firma aller Wahrscheinlichkeit nach trotzdem nicht unter.

Vor dem Ruhestand gibt es nur wenige etablierte Wege aus meiner momentanen Arbeit. Zwei sind negativ besetzt: ich werde entlassen; ich werde krank. Ein dritter gilt als positiv: Ich werde befördert. Die klassische Karriere kennt nur eine Bewegungsrichtung: nach oben. Dort kann ich mich entfalten und in meine neue Aufgabe hineinwachsen. Ich bewältige sie, bewähre mich und erklimme die nächste Sprosse.

Was aber, wenn sich der Reiz dieser Aufgabe erschöpft, aber ich werde nicht mehr befördert? Wenn sich Langeweile in meinen Arbeitsalltag einschleicht und Müdigkeit? Oder wenn ich merke, diese Position ist eine Nummer zu groß für mich? Dann hänge ich fest. Wenn ich Pech habe, bis zum Ruhestand. Jeder von uns kennt solche Fälle, darüber gesprochen wird fast nie. Unsere klassische Karrierestruktur kennt keinen Schritt zur Seite und keinen freiwilligen Schritt zurück. Wie viele Abteilungsleiter werden später wieder Sachbearbeiter? Wie viele Schulleiter treten zurück ins Glied? Abstieg ist wie Degradierung. Ich habe versagt, und man hat mich entfernt.

Ein Projekt kenne ich, bei dem man versuchte, dies anders zu gestalten: Als zu Beginn der 1970er Jahre in Baden-Württemberg die ersten Modell-Gesamtschulen gegründet wurden, war das mit einer kleinen Revolution verbunden: Der Schulleiter wurde vom Kollegium gewählt – auf sechs Jahre, ohne Möglichkeit der Wiederwahl. Die Amtsinhaber wussten: Auch wenn ich mich noch so stark engagiere, behalte ich meine Position nicht auf Dauer. Andererseits lag darin auch eine Chance: Ich setze viel Kraft ein, ich mute meiner Familie einiges zu –

aber es geht vorbei. Einen kenne ich, der es geschafft hat, sich anschließend wieder ins Kollegium einzureihen. Das damalige Modell des Führens auf Zeit ist indes längst wieder passé.

Strukturen sind zäh, und ich als Einzelner werde sie auch nicht verändern. Aber das bedeutet nicht zwangsläufig, dass ich mich ihnen unterwerfe. Wenn ich mich traue, kann ich aus ihnen heraustreten. Eine einmal erreichte Position kann ich wieder aufgeben, wenn sich die Entwicklung für mich als Holzweg erweist. Eine Funktionsstelle kann ich verlassen, wenn sich meine Entwicklungsmöglichkeiten erschöpft haben. Auch als Führungskraft kann ich Teilzeit beantragen – wenn ich bereit bin, im Falle der Verweigerung die Position notfalls aufzugeben. Und niemand zwingt mich, einen kräftezehrenden Chefposten bis zur Rente zu behalten.

Wenn es am Schönsten ist, soll man aufhören. Wenn ich meine Arbeit ordentlich gemacht habe und rechtzeitig den Absprung schaffe, werden die anderen sagen: Wie schade, dass er geht. Wenn ich den richtigen Moment verpasst habe, wird es später nur noch heißen: Endlich ist er weg. Das wurde ja auch Zeit.

Das Loslassen wird mir dann leichter fallen, wenn ich den finanziellen Einschnitt verkraften kann und will – und wenn ich mit einem möglichen Statusverlust leben kann. Wenn ich als Person mit mir selbst so weit im Reinen bin, dass ich weiß: Ich bin mehr als diese Position. Und mein Partner oder meine Familie werden eher bereit sein mitzumachen, wenn sie selbst einen Vorteil daraus ziehen: Ich habe mehr Zeit für sie. Nach Feierabend bin ich nicht mehr völlig erschöpft.

Für meine berufliche Zukunft kann mir das Loslassen schaden. Möglicherweise gelte ich als unsicherer Kantonist, als jemand, der seine Aufgabe nicht wirklich ernst nimmt oder von dem man nicht weiß, wann er oder sie das nächste Mal den Hut an den Nagel hängt. Aber das muss nicht so sein. In einigen Branchen gibt es bereits Anzeichen, dass ich gerade ohne eine stromlinienförmige berufliche Vita für viele Unternehmen attraktiv bin, weil ich anders denke und einen weiteren Blick habe als die, die im Glied geblieben sind.

Trotzdem gehe ich ein Risiko ein, wenn ich aus der Reihe tanze. Es gibt eben keine Garantie, dass alles besser wird. Wie gut es mir tut, erfahre ich nur, wenn ich es wage. Mein Optimismus und mein Selbstvertrauen können daran wachsen. Und dann traue ich mich auch in Zukunft eher, meine Arbeitssituation ehrlich anzuschauen und notfalls zu sagen: Ich bin dann mal weg.

„Man denkt zu selten über Alternativen nach" (Petra Luber)

Der Anfang in ihrer neuen Stelle in Berlin ist nicht leicht für Petra Luber. Anders als in der internationalen Welt der Auftragsforschung hat sie hier eine untergeordnete Tätigkeit, sie sitzt in einem kleinen Büro vor dem Computer und muss sich einfinden in die Regularien einer deutschen Behörde. „Ich habe zu Anfang unwahrscheinlich gekämpft, mich in dieses System erst mal reinzudenken, wie das geht. Ich bekomme einen Erlass und schreibe einen Vermerk. Und an dem Vermerk sind hinten dran Verfügungspunkte, und ich kannte schon die ganzen Abkürzungen nicht. Ich habe zu Beginn oft den Dienstweg nicht eingehalten: Wer da wo was abzeichnet, wer zeichnet etwas mit, wer zeichnet etwas Schluss? Was darf ich selber machen? Wen muss ich vorher fragen, wer muss eingebunden werden? Schick ich das als E-Mail raus? Darf ich das? Oder muss das als Brief raus? Es ist unglaublich, was für Fallstricke es da gibt."

Doch dann weitet sich die Welt des Amts. Ihre Vorgesetzten schicken sie als Vertreterin in Bund-Länder-Gremien und als wissenschaftliche Expertin ins Verbraucherministerium. Auch ihr Fachwissen über die EU-Gesetzgebung kann sie hier einbringen: In einem internationalen Gremium arbeitet sie mit an neuen Hygiene-Standards für den Welthandel. Jetzt erkennt Petra Luber, welch ungahnte Möglichkeiten ihr die Arbeit in einem Bundesamt bietet. „Ich bin jetzt natürlich auch in Bereichen tätig, die mir nur als Amtsmitarbeiterin offenstehen. Das ist eine ganz andere Arbeit, aus der man aber sehr viel schöpfen kann. Und dann gibt es noch diesen Aspekt, den ich immer ‚Wir sind die Guten' nenne. Man ist in dieser Arbeit ein Verbraucherschützer."

Petra Luber hat die Seiten gewechselt. Sie hat keine Entscheidungskompetenz mehr, aber sie kann sich als Expertin einbringen – ohne Rücksicht auf eventuelle Firmeninteressen. Wie gut das tut, erlebt sie erst jetzt. „Ich berate bei Entscheidungen mit meinem Fachwissen, und ich habe natürlich auch etwas entgegenzusetzen, wenn ein Industrieverband kommt, der seine Interessen durchsetzen möchte. Wenn ich meine alte Karriere beibehalten hätte, wäre ich sicher auch das eine oder andere Mal in so einer Runde gesessen und hätte da dann sehr schlau Dinge vorgebracht, die aber natürlich ganz klar einer bestimmten Firmenpolitik unterliegen. Und jetzt vertrete ich eben nach bestem Wissen die Interessen der Verbraucher und sorge in meinem kleinen Rahmen dafür, dass die Lebensmittel ein bisschen sicherer werden."

Gut getroffen hat es Petra Luber auch mit den Arbeitsbedingungen in ihrer neuen Stelle in Berlin. Das Amt besteht erst seit fünf Jahren, es ist eine Behörde ohne Verkrustungen. Und mit ihren Kenntnissen und ihrer Erfahrung war sie die Wunschkandidatin der Behörde für diese Position. Dieses Wohlwollen spürt sie jetzt im Alltag. „Ich bin sehr schnell auch in internationale Gremien geschickt worden. Ich erfahre eine wunderbare Unterstützung und Wertschätzung von meinen Vorgesetzten in diesem Amt, die auch sehr fördern, dass ich international auftrete und das Amt vertrete. Und dadurch ist der Job auch so gut geworden."

Auch zur Forschung hält sie Kontakt. Sie arbeitet als Gutachterin für internationale Fachzeitschriften, und sie hat neue Möglichkeiten jenseits des Labors entdeckt: „Desk Research" – Forschung am Schreibtisch. In Meta-Analysen wertet sie Publikationen anderer Wissenschaftler aus.

Finanziell ist der Wechsel ein klarer Rückschritt. Petra Luber nagt nicht am Hungertuch, aber sie musste ihren Lebensstandard anpassen. Die Zeiten des Shoppens nach Lust und Laune sind passé, sie führt „vergleichsweise ein kleines Leben", aber es ist nicht bedrohlich. Sie haben keine Kinder, und sie müssen keinen Immobilienkredit abbezahlen.

Ihre Entscheidung hat sie nicht bereut. Im Rückblick ist für sie klar: Wäre ich in England geblieben, es wäre mir nicht gut bekommen. „Ich glaube, es bestand eine große Gefahr, dass ich eine Depression entwickelt hätte. Mit Sicherheit hätte ich ein Alkoholproblem bekommen, ich habe unwahrscheinlich viel getrunken in der Zeit, als ich da war. Das mache ich sonst gar nicht. Ich hätte sicherlich beruflich tolle Dinge erreichen können, aber ich hätte mit einer gewissen Wahrscheinlichkeit meine Beziehung aufs Spiel gesetzt. Durch die Entfernung, die ich geschaffen habe, und durch den Druck, den ich ausgeübt hätte. Es wäre sicher eine schwere Zeit gewesen für meinen Mann, wenn er dort hätte leben müssen. Er hatte schon gesagt, dass er kommt, weil auseinander leben, das wäre nicht gegangen. Aber ich wäre der treibende Faktor gewesen, denn freiwillig kam er ja nicht. Das war etwas, das ich falsch eingeschätzt hatte."

Mit Glanz und Gloria war sie nach Großbritannien gezogen, vier Monate später ist sie wieder in Berlin, und der Traum von der großen Karriere ist vorbei. Freunden und Bekannten gegenüber beschönigt Petra Luber dies nicht. Sie sagt ihnen: Die Liebe hat mich zurückkehren lassen, ich wollte unsere Beziehung nicht aufs Spiel setzen. „Dafür musste ich mich nicht schämen. Ich hatte einen tollen Job, und ich konnte offen sagen: Ich bin traurig, dass ich den Job nicht weitermachen konnte, aber der Preis war mir einfach zu hoch. Ich habe einfach geschaut: Was macht mich wirklich glücklich, und was ist mir wichtig im Leben? Und das sind so kleine, lächerliche Dinge, und es ist auf jeden Fall nicht die Karriere allein. Ich hätte das gerne auch gehabt, aber es ging nicht, ich konnte nicht beides haben."

Die Reaktionen sind sehr unterschiedlich. Frauen können ihre Entscheidung gut verstehen und sagen: Das hätte ich auch so gemacht. Bei Männern sieht dies zum Teil anders aus. „Ich habe kein Entsetzen erlebt, aber doch wirklich Zweifel bei zwei, drei Männern. Einer meiner Freunde, der beruflich sehr erfolgreich ist, hat gesagt: Mein Gott, sie hat ein Job-Angebot als EU-Beamtin abgelehnt und eine Karriere in der Industrie aufgegeben. Der war neidisch, dass ich das für mich so entscheiden konnte. Er ist sehr fixiert auf seinen Job und muss wahnsinnig viel arbeiten und ist unwahrscheinlich viel unterwegs. Aber er hat das Gefühl, er kann da nicht mehr zurück. Er hat Frau und Kinder und kann nicht raus aus der Situation. Und er war ein bisschen eifersüchtig, dass ich so frei war in meiner Entscheidung zu sagen: Das Geld ist egal, das Geld ist nicht wichtig. Dass ich diesen Schritt auch machen konnte. Das ist wahrscheinlich nicht so einfach, wenn man sich entschieden hat, ein Haus zu besitzen, das man abzahlen muss."

Auch deshalb sagt Petra Luber heute: Ich gehöre zu den Glücklichen. Aber sie hat nicht vergessen, dass sie zu Beginn eher skeptisch war. Und sie sagt offen: Das hätte auch ganz anders kommen können mit dieser Arbeit in einem Amt. „Das hätte auch total schrecklich sein können. Irgendeine kleine schreckliche Aufgabe. Ein ganz fürchterlicher Amtsschimmel. Und keiner, mit dem man mal einen Kaffee trinken möchte. Aber ich habe mir einfach gesagt: Wenn es gar nicht geht, dann machst Du halt etwas anderes. Dann schaust Du noch mal neu. Das wäre sicherlich schwer geworden mit dem Karriereknick da drin, mit dem Unsteten: Ich geh da mal hin und mach das, und dann – schwupp – wenige Wochen später steige ich einfach wieder aus. Das ist ja eigentlich eine Katastrophe. Mit diesem Manko wäre es schwer gewesen. Aber ich habe gedacht, ich mache das jetzt einfach."

Durch ihre Entscheidung zur Rückkehr nach Berlin und durch ihre guten Erfahrungen in ihrer jetzigen Arbeit fühlt sich Petra Luber gestärkt – und besser gerüstet, falls sie in Zukunft noch einmal in eine solche Situation kommen sollte. „Ich habe jetzt einen Erfahrungsschatz. Ich habe das schon einmal gemacht, ich habe mich entschieden, und es ist gut gegangen. Das gibt einem ein gewisses Vertrauen, dass man auch so große Entscheidungen treffen kann. Das hatte ich ja vorher nie gemacht, es hatte sich alles immer so ergeben. Und jetzt, das gibt mir schon eine gewisse Sicherheit. Ich kann mir auch durchaus vorstellen, noch einmal so eine große Entscheidung zu treffen. Sollte es aus irgendeinem Grund ganz schrecklich werden, dann habe ich die Gewissheit, dass ich weggehen und noch einmal etwas Neues anfangen kann."

Eine gute Entscheidung beginnt in Petra Lubers Augen mit einer kleinen Auszeit: eine Woche, ein Wochenende oder auch nur ein langer Spaziergang. Und dann überlegen: Was ist mir in meiner Arbeit wirklich wichtig, jenseits der Erwartungen anderer und jenseits tatsächlicher oder vermeintlicher Zwänge? „Ich glaube, dass das ganz wichtig ist, dass man sich damit auseinandersetzt, was man wirklich tief im Inneren möchte. Denn sonst wird man vielleicht unglücklich mit seinem Lebensentwurf. Ich sehe das bei so vielen Menschen, dass sie nicht glücklich sind mit ihrem Leben, weil man wahnsinnig viel Zeit seines Lebens mit der Arbeit verbringt. Man ist oft so gehetzt, gerade wenn man berufstätig ist, und man denkt viel zu selten nach über Alternativen oder über Möglichkeiten, die wir alle haben. Die haben sicher auch alle ihren Preis, man muss auch etwas hergeben dafür, dass man etwas kriegt. Aber wenn man spürt, dass etwas wichtig ist: Dann mach's doch, probier es, geh' das Risiko ein. Das Leben ist nicht ohne Risiken. Es kann so viel passieren. Und es kann so schnell vorbei sein."

„Behandle sie, als würdest du einen kleinen Fisch kochen“

von Irmtraud Tarr

Der Physiker Albert Einstein meinte: „Die besten Dinge sind nicht die, die man für Geld bekommt.“ Es stimmt; Geld, Anschaffungen, Karriere machen vielleicht zufrieden, aber zur Frage nach dem Sinn können sie wenig beitragen. Wenn unsere Seele sich so einfach kaufen ließe, gäbe es nicht so viele, die unglücklich über ihr Leben sind und sich als innerlich hohl und unerfüllt erleben. Fragen Sie sich selbst: Inwieweit trägt materieller Reichtum zum Sinn meines Lebens bei? Was ist der Preis?

Womöglich kommt jeder einmal an den Punkt, wo sich eine Diskrepanz auftut zwischen dem, was man investierte und anstrebte, und dem, was man im Innersten wirklich ersehnt. Oft genügt eine schwarze Wolke – die Erosion einer vertrauten Beziehung oder der Knoten in der Brust – und man erlebt, wie der Boden unter den Füßen wegbricht. Als wäre man ins tiefe Wasser gestürzt, verschwimmt plötzlich all das, worauf man gebaut hatte. Man weiß nicht einmal mehr, ob man schwimmen kann, geschweige denn, ob und wie man ein neues Ufer erreicht.

Dank des Eigensinns, dieser Trotzmacht des Geistes – ist es einem aber möglich, sich nicht unterkriegen zu lassen, anders werden zu können und sein Leben neu auszurichten und sogar reicher zu gestalten. Dabei hilft vor allem eines: die Pflege unserer Beziehungen. „Im Grunde hilft nur ein anderer Mensch“, so die Devise des Theologen Eugen Drewermann, der ich hinzufügen würde: Eine der schönsten Möglichkeiten Sinn zu stiften, ist die Zuwendung, Beachtung oder Anerkennung, die wir anderen schenken. So viel steht fest: Wer die anderen unwichtig findet, weil er meint, ohne sie besser zum eigenen Sinn vorzudringen, verpasst ihn garantiert. Ohne Bindungen, Austausch, Mitgefühl, die man empfängt und gibt, kann keiner auf ein sinnreiches Leben schauen. Natürlich sind manche Menschen geselliger als andere, aber wer nur sein Auto, seinen PC oder sein Handy liebt, hat ganz offensichtlich eine Störung. Denn Menschen sind von Natur aus gesellig, um wachsen und gedeihen zu können. Um irgendwann vielleicht sogar über sich selbst hinauszuwachsen.

Die Gefahr der Verführung ist, dass unter der Schicht der vielen täglichen Anforderungen und Verpflichtungen die Pflege unserer Beziehungen in den Hintergrund gerät und leidet. „Später, wenn ich mehr Zeit habe", „wenn ich pensioniert bin", „wenn ich mich in der neuen Firma eingearbeitet habe", „wenn die Wohnung fertig eingerichtet ist" – so oder ähnlich lauten die Rechtfertigungen, Entschuldigungen, die alle eines übersehen: Beziehungspflege lässt sich nicht verschieben. Wir haben nur diese eine Familie, diese Freunde, diese Nachbarn und Bekannten, die zu uns gehören – und zwar „jetzt" – mit all ihren Vorzügen und Schwächen. Wir haben keine andere, bessere Option. So ist es und nicht anders. Das anzunehmen wäre der Anfang aller Weisheit. Vielleicht steht dann der Respekt mehr im Vordergrund, und es wird nicht mehr jede enttäuschte Erwartung ausgeleuchtet, aber die Beziehungen werden lebbarer, weil man begriffen hat, sich das zu eigen zu machen, was nun einmal zu einem gehört.

Ein chinesisches Sprichwort sagt: „Behandle deine Familie, als würdest du einen kleinen Fisch kochen." Das ließe sich auf jede Form von Familie anwenden. Man fährt wahrscheinlich am besten, wenn man sich vorstellt, wie man einen kleinen Fisch kocht – nämlich ziemlich sanft. So wird er kostbar und genießbar – wie auch unsere Familie. Gleichzeitig verhindert Beziehungspflege ein zu einseitiges Bei-sich-selbst-Sein – die sogenannte Eigenbrötlerei. Denn es wird als Ideal unserer Zeit proklamiert, dass man „bei sich" zu sein habe. Vielleicht ist es aber sinnvoller, mehr bei den anderen zu sein, die uns brauchen, da wir dann sie – und damit auch uns selbst – einfühlsamer verstehen würden. Es macht tiefen Sinn, nicht allein durch das Leben zu gehen, sondern einander Wegbegleitung zu geben und sie auch anzunehmen.

Ich gebe zu, der gefährlichste Ort ist die Familie – schon rein kriminalstatistisch ließe sich das untermauern. Das hängt mit unseren Erwartungen zusammen. Wir erwarten zu viel voneinander, denn nahe, lang währende Beziehungen wecken unweigerlich frühe Sehnsüchte nach Geborgenheit und zugleich Wünsche nach Distanz und Abgrenzung. Enttäuschte Erwartungen stören die Beziehungsnähe, weil hineininterpretiert wird, weil man einander zu nahe kommt oder zu weit wegrückt, und weil man einander erdrückt im Haben-Wollen oder Geben-Müssen. Es gibt ein altes Gebet, in dem es heißt: „Herr, lehre uns, wann wir loslassen sollen." Loslassen im Haben- und Geben-Müssen – das würde die Freude miteinander und aneinander freilegen. Sich miteinander freuen wäre die Entlastung, die die vielen Erwartungen, die wir an unsere Nächsten haben, relativiert. Sich freuen (wenn das nicht gelingt, dann zumindest neugierig sein) ist eine Sache des Moments und vielleicht die sinnvollste, die das Leben schöner macht.

Sie beginnt mit der Freundlichkeit. Leider ist sie heute bei vielen ins Abseits geraten, als wäre sie eine überflüssige Tugend. Dabei ist Freundlichkeit das Heilmittel schlechthin, nicht nur bei Spannungen oder Krisen, sondern weil sie Nähe und Ermutigung im täglichen Austausch schafft. Denken Sie an einen Menschen, den Sie mögen. Ist sie oder er ein unfreundlicher Mensch? Wir suchen doch gerade die Nähe zu denen, die durch ihr Auftreten Wärme, Charme und Offenheit verbreiten. Dass wir nicht auf Abstand gehen und frieren, sondern ihre Nähe genießen, hat doch damit zu tun, dass sie mit ihrem offenen, warmen Herzen anstecken. Neben ihnen fühlt man sich nicht allein. Das Herz wird weit, das Gesicht wird offen. Und beide fühlen sich sicher – der, der Freundlichkeit schenkt, und der, der sie empfängt.

Ist das nicht eine Menge Sinn, wenn wir hier und heute unsere Freundlichkeit, Neugier und Ermutigung mit anderen kultivieren? Mit anderen freundlich zu leben, gehört zu den wertvollsten Gütern, die wir immer noch uneingeschränkt besitzen, und die durch Teilen sogar noch mehr werden. Jeder, der sie pflegt, atmet am Ende erleichtert auf: weil das Misstrauen, die Enge, die Gereiztheit und der Reiz nicht das letzte Wort haben.

Auf seine Liebsten achten, einander die Hände reichen, in der Nähe bleiben; nur so können wir uns vergewissern, wer wir sind. Aus dem Glück eines anderen lässt sich nicht nur für den anderen, sondern auch für einen selbst viel gewinnen. So meint es jedenfalls André Gide: „Wer andere glücklich macht, wird glücklich." Ich bin sicher, dass dieses Glück den Hunger nach Sinn anhaltender stillt als Schokolade. Auch wenn wir den Traumpartner gefunden haben, wird das Glück noch runder, wenn wir darüber unseren Nächsten nicht vergessen. Es sind diese kleinen Handreichungen, von denen wir alle leben: Geburtstagswünsche; das rechte Buch zur rechten Zeit; die warme Hand, wenn jemand deprimiert ist; der Überraschungsbesuch oder die spontane Botschaft auf dem Anrufbeantworter, die daran erinnern: Gut, dass du da bist! Gut, dass es dich gibt!

Zuwendung und Liebe kennen unzählige Varianten. Sie müssen nicht immer mit weichen Knien, Herzklopfen, trockener Kehle, überwältigender Seligkeit und weltbewegender Wichtigkeit einhergehen. Sie können auch ganz unscheinbar daherkommen. Wer sich wach und offen hält für diese oft unscheinbaren Einladungen, die immer auch auf etwas Größeres verweisen – die zugelaufene Katze; die strahlenden Augen eines Kindes; die Kranke, die sich über eine Gemüsesuppe freut; das Patenkind, das eine Auszeit von den Eltern braucht; der cholerische Nachbar, der ein paar beruhigende Worte vertragen kann; oder ein Nächster, der ein warmes Händchen braucht. Die Türe zur Liebe geht nach außen auf. Zumindest können wir ihr die Tür immer wieder aufhalten.

5 Überraschend wichtig: Einfach da sein – Das Jetzt genießen

Für eine Lichtung braucht's Klee und eine Biene,
ein Kleeblatt, und Bienengesumm, und Träumerei.
Die Träumerei allein tut's auch, falls Bienen rar.

Emily Dickinson

Zeit des Gelingens

von Margot Käßmann

Gütiger Gott, ich danke dir.
Es ist eine Zeit des Gelingens.
Alles scheint mir zuzufliegen.
Alles ist in Balance.
Ich erlebe den Zuspruch vieler.
Das tut gut.
Ich spüre den Neid anderer.
Das tut weh.
Ich weiß, Hochmut kommt vor dem Fall.
Und ich spüre tief in mir eine große Demut.
Nichts, was ich leiste,
verändert deinen Blick auf mich.
Ich weiß.
Aber ich weiß auch,
dass ich feiern und mich freuen darf,
denn du bist kein Gott, der Griesgrämigkeit liebt.
Es ist schön, zu ahnen, dass du Lachen kennst,
Humor, Freude und Lebensglück.
Und so feiere ich.
Nicht ins Gelingen verliebt,
nicht auf Erfolg fixiert,
nicht hochmütig,
aber doch voller Freude und Dankbarkeit.

Im Garten und auf Balkonien

von Liane Dirks

Genuss und Arbeit sind im September-Garten eins. Prächtig blühende Stauden, Indianernessel und Sonnenbraut, Storchenschnabel und Nelkenwurz, Rittersporn und Eisenhut, allein die Namen erfreuen schon.

Warme, sonnige Farbtöne überwiegen jetzt und große Farbflecken, ob von Astern- oder Chrysanthemenbüschen oder von der Laubfärbung der Gräser. Mit weit verzweigten Rispen wiegen sich die Astilben im Wind: Schneiden Sie die verwelkten Blütenstände nicht gleich zurück, später im Herbst dienen die Samen als Vogelfutter, und außerdem bieten sie im winterlichen Garten, besonders bei Frost, noch einen schönen Anblick.

Einjährige Pflanzen, wie Löwenmäulchen und Männertreu, werden jetzt noch einmal gedüngt, sie blühen bis weit in den November hinein. Zu groß gewordene Stauden teilt man, dies gilt insbesondere für Christrosen, deren bevorzugte Pflanzzeit jetzt ist. Im Halbschatten zeigt sich, wie ein Zitat des Frühlings, die Herbstzeitlose, die auf verblüffende Weise dem lilafarbenen Krokus ähnelt. Sie erinnert daran, dass nun gepflanzt werden muss.

Im September ist die Zeit für Krokusse, Narzissen, Schneeglöckchen und Hyazinthen. Tulpen werden erst im Oktober gepflanzt. Faustregel fürs richtige Setzen: zweimal so tief, wie die Zwiebel groß ist. Von Krokussen sollte man immer ein wenig mehr setzen, sie sind beleibtes Eichhörnchenfutter! Jetzt ist die ideale Pflanzzeit für Päonien, auch Pfingstrosen genannt, sie bevorzugen einen windgeschützten Standort. Hecken bekommen einen letzten Rückschnitt, Blumenwiesen werden gemäht. Kübelpflanzen sollte man nun nicht mehr düngen, das gilt auch für den noch immer prächtig blühenden Oleander. Langsam müssen sie sich an die Kargheit des Winters gewöhnen.

Im Gemüse- und Obstgarten ist jetzt Erntezeit. Äpfel, Birnen, Zwetschgen, Nüsse, aber auch Holunder und Brombeeren sind jetzt reif, ebenfalls die mehrfach tragenden Himbeeren. Kartoffeln werden ausgemacht, Möhren, Lauch, Zucchini und die ersten Kürbisse werden geerntet. Im kleinen Kräuterkasten auf dem Balkon gibt es Basilikum noch immer in Hülle und Fülle. Und auch Tomaten: voll ausgereift, süßliche Cocktailtomaten aus dem Kübel kann man sogar noch im Oktober pflücken. Im Topf lassen sich Schnittlauch und Petersilie gut kultivieren, sie härten ab und können noch lange im Freien bleiben. Übrigens: Schnittlauch liebt eine gelegentliche Gabe Kaffeesatz als Dünger – eine genussvolle Art zu gärtnern, während man seinen Cappuccino genießt.

Mehr nicht

von Jessica Wilker

Möchte, wäre, bitte, könnte, sollte, müsste, würde – solche Einstellungen bringen uns nicht weiter, das haben wir erkannt. *Ja, aber welche denn dann?* Ganz einfach: Wir nehmen wahr, was ist. Und mehr nicht.

Ich habe ein Gefühl und nehme wahr, dass ich ein Gefühl habe. Mehr nicht. Ich habe ein angenehmes Gefühl und nehme wahr, dass ich ein angenehmes Gefühl habe. Mehr nicht. Ich habe ein unangenehmes Gefühl und nehme wahr, dass ich ein unangenehmes Gefühl habe. Mehr nicht.

Das hört sich nun vollkommen unspektakulär an, nicht wahr? Lassen Sie uns deshalb nochmals genau hinschauen. Wahrnehmen heißt ja, dass man sich dessen, was ist, bewusst wird. Und das ist eine ganz entscheidende Bedingung dafür, überhaupt gezielt handeln zu können. Denn erst, wenn etwas in unserem Bewusstsein ist, können wir auch bewusst damit umgehen. Also doch gar nicht so unwichtig!

Nun geht es ja aber nicht einfach nur ums *Wahrnehmen,* sondern ums *Wahrnehmen und mehr nicht.* Und genau das, dieses *mehr nicht,* ist eigentlich das A und O im Umgang mit den Gefühlen.

Wahrnehmen und mehr nicht – nennen wir es hier der Einfachheit halber Achtsamkeit – hat nämlich eine enorme Wirkung und ist für uns von größtem Nutzen.

Diese Achtsamkeit, die einfach feststellt, was ist, und weder wertet, wünscht noch will, ist der klare Blick auf die Wirklichkeit, so wie sie ist. Durch sie wird das, was sein sollte oder sein könnte, wenn dies oder jenes anders wäre, als es ist, als bloße Vorstellung oder als Wunsch entlarvt – und das, was tatsächlich ist, tritt an dessen Stelle.

Achtsamkeit hilft uns dabei, uns nicht im Netz der Illusionen zu verheddern und in der Scheinwelt von Vorstellungen und Gedanken zu leben. Sie verhindert auch, dass wir gegen etwas kämpfen, bei dem wir von vornherein keine Chance haben zu gewinnen. Denn die Wirklichkeit ist so viel mächtiger als unsere Idee über sie. Sie besiegen zu wollen ist wie der Versuch, aus einem Hund eine Katze zu machen: *Wieso miaust du nicht, du dummes Tier? Du sollst einen Buckel machen, nicht Männchen. Und ich will jetzt, dass du auf diesen Baum kletterst.*

Wenn wir also achtsam sind und das sehen, was ist, haben wir etwas ganz Entscheidendes erreicht: Wir befinden uns dann nämlich in dem berühmten, viel zitierten und gepriesenen Hier und Jetzt.

Zum Beispiel an einer Bushaltestelle spät abends. Eben haben Sie das Restaurant verlassen, in dem Sie nach einem Vortrag noch mit Freunden zusammensaßen. Sie sind aufgebracht. *Wie kann der nur so etwas behaupten, das ist ja völlig hirnverbrannt. Das lasse ich so nicht stehen, kommt gar nicht in Frage. Morgen werde ich ihn zur Rede stellen. Jawohl, das mit der Verantwortung, da werde ich Folgendes …* Während Sie über das vergangene Gespräch wütend sind und die Argumente zusammenstellen, die Sie morgen anbringen werden, weht ein lauer Wind den süßen Duft von Jasmin durch die leere Straße, und aus einem Garten kommt eine Katze mit hoch erhobenem Schwanz auf Sie zu. Sie bleibt vor Ihnen stehen und schaut Sie erwartungsvoll an. Dann beginnt sie aufdringlich um Ihre Beine zu streichen. *So streichle mich doch.* Aber der Wunsch wird ihr nicht erfüllt. Kein Wunder, wie könnte er auch. Sie sind ja gar nicht da! Nach einer Weile gibt die Katze es auf und verlässt Sie, um sich jemanden zu suchen, der nicht in der Zukunft oder

Vergangenheit weilt, sich Sorgen macht oder etwas bereut, sondern der ihr hier in der Gegenwart den Kopf krault.

Und so, wie Sie nicht wahrgenommen haben, dass die Katze kam, merken Sie auch nicht, dass sie wieder geht. Schade. Weniger, weil Sie die Gelegenheit verpasst haben, eine Katze zu streicheln – so eine kommt bestimmt wieder –, sondern weil sie diesen Moment Ihres Lebens verpasst haben, und der kommt mit Sicherheit nicht wieder.

Augenblicke der Stille: Muße
von Daniel Hell

Um die Muße zu pflegen, muss man sich Zeit nehmen: entschleunigen. Das allein reicht aber nicht aus. Es muss noch etwas hinzukommen, das man mit „Ruhe“ oder „Stille“ umschreiben kann. Muße und Lärm, aber auch Muße und Geschwätzigkeit vertragen sich schlecht.

Stille ist mehr als ein Fehlen von Geräuschen. Es ist auch kein Zustand, in dem nur die Worte fehlen. Aus der Stille und aus längerem Schweigen können sogar Worte wie „Seele“ oder „Liebe“ einen neuen Sinn bekommen. Aber die Stille hält sich zurück, auch mit großen Worten. Mit ihr ist kein narzisstischer Gewinn zu erzielen. In der Stille findet die Ich-Jagd keinen Widerhall. Sie ist einfach da.

In der Stille liegt aber eine sonderbare Kraft. Es ist wohl kein Zufall, dass in allen Kulturen und zu allen Zeiten die Erfahrung von stiller Einsamkeit als wichtige Voraussetzung der menschlichen Reifung angesehen wurde. Viele Initiationsriten setzen heranwachsende Menschen vorübergehend der Stille und der Einsamkeit aus. In den meisten Hochkulturen gelten Perioden des Schweigens als Voraussetzung zum spirituellen Wirken, sei es als Schamane, Prophet, Seelsorger oder Priester.

In der Neuzeit wird Stille immer mehr von technischer Betriebsamkeit übertönt. Der leider weitgehend vergessene Mediziner und Philosoph Max Picard hat einmal geschrieben:

„Es ist, als ob der letzte Rest von Schweigen, der noch da ist, weggedrängt werden solle, als ob ein Befehl gegeben worden wäre, bei jedem Menschen und in jedem Haus das Schweigen festzustellen, als einen Feind, und es zu vernichten. Die Flugzeuge suchen den Himmel ab nach dem Schweigen, das hinter den Wolken gelagert ist, die Stöße der Propeller sind wie Schläge gegen das Schweigen. Die große Stadt ist wie ein ungeheures Reservoir des Lärmes. Der Lärm wird fabriziert in der Stadt, wie eine Ware fabriziert wird, er ist aufgestapelt da, auf Vorrat, ganz und gar vom Gegenstand gelöst, aus dem er kam, lagernd über der Stadt und auf Menschen und Dinge niederfallend". (Picard 1948)

Doch fühlen sich auch heute gerade suchende Menschen besonders stark von Personen angesprochen, die sich in ihrem Leben bewusst in die Stille zurückgezogen haben. Literarische Beispiele sind etwa Hermann Hesse, Antoine de Saint-Exupéry oder Fernando Pessoa. In ähnlicher Weise lassen auch Aussagen der frühchristlichen Eremiten, der sogenannten Wüstenväter und -mütter aufhorchen, weil sie von spirituellem Erleben in der Stille zeugen und auf existenzielle Fragen eingehen.

Wer um eine lebenswichtige Entscheidung ringt oder wer die Frage nach dem Sinn seines Lebens stellt, kann die gesuchte Antwort nicht in technisch-wissenschaftlichen Ergebnissen erwarten. Er darf aber realistisch hoffen, dass ihm Menschen, die selbst existenzielle Grunderfahrungen gemacht und stille Zeiten durchlebt haben, bei der Suche nach Antwort eine Hilfe sein können. Er darf auch hoffen, dass Schweigen als „Einkehr in die Stille" ihn seinem inneren Erleben – seiner Seele – näherbringt.

Die Stille in ihrer echten Form ist nichts Romantisches noch Esoterisches. Sie ist weder banal noch harmlos. In der Stille können eigene Tiefen, aber auch Untiefen aufbrechen. Angesichts der Macht der Stille macht es Sinn, sich mit dem Schweigen so anzufreunden, wie es der kleine Prinz mit dem Fuchs (in der Erzählung von Saint-Exupéry) gemacht hat: indem man es immer wieder aufsucht. Auf diese übende Weise kann das Schweigen seinen Schrecken verlieren. Im Abendland hat sich in Philosophie und Religion schon vor zwei Jahrtausenden die Praxis ausgebildet, zwischen Zeiten der Stille – der inneren Einkehr – und Zeiten der Tätigkeit, des wechselseitigen Austausches und der nachdenkenden Verarbeitung hin und her zu wechseln. Auch moderne psychotherapeutische Verfahren brauchen einen Rhythmus, ein stetes Vor und Zurück, vom wortlosen Spüren zum reflektiven Austausch. Der Psychotherapeut profitiert davon, wenn man nicht nur spricht, sondern asketisch mit Worten umgeht, gleichsam ein Fasten der Sprache pflegt und menschliches Erleben nicht zerredet, sondern vielmehr hört, was aus dem Schweigen an Worten aufsteigt. Das Schweigen ist die Schwelle, an der sich neue Begegnungsfähigkeit entwickelt. Der Philosoph Wittgenstein, der an der sprachanalytischen Entwicklung der Philosophie des 20. Jahrhunderts maßgeblichen Anteil hat, schrieb einmal: „Es gibt ein Unaussprechliches … Es zeigt sich als Grund, nicht im Sinne einer Kausalität, sondern als Transparenz des Sagbaren auf einen Sinn hin, der schlechthin jenseits dieses Sagbaren liegt, außerhalb der Welt." Einfacher sagt es der Psalmist: „Meine Seele sei stille zu Gott." Es ist die Stille, die uns dem Unsagbaren oder Transzendenten näherbringt.

Ja zum Augenblick

von Friedrich Nietzsche

Es ist ganz und gar nicht die erste Frage, ob wir mit uns zufrieden sind, sondern ob wir überhaupt irgendwomit zufrieden sind. Gesetzt, wir sagen ja zu einem einzigen Augenblick, so haben wir damit nicht nur zu uns selbst, sondern zu allem Dasein ja gesagt. Denn es steht nichts für sich, weder in uns selbst noch in den Dingen: und wenn nur ein einziges Mal unsere Seele wie eine Saite vor Glück gezittert und getönt hat, so waren alle Ewigkeiten nötig, um dies eine Geschehen zu bedingen – und alle Ewigkeit war in diesem einzigen Augenblick unseres Jasagens gutgeheißen, erlöst, gerechtfertigt und bejaht.

Freitagmorgen

von Katharina Schridde

Jede Woche aufs Neue wartete ich auf den Freitagmorgen.

Obwohl wir noch früher aufstanden als gewöhnlich, obwohl auch die von der Orgel begleiteten Choräle mich am Morgen nicht wirklich aufwecken konnten, obwohl der Freitag in aller Regel ein Tag mit einem hohen Arbeitspensum war – der Freitagmorgen war mein heimlicher Höhepunkt der ganzen Woche.

Denn am Freitagmorgen bestand im Anschluss an den schlichten Abendmahlsgottesdienst die Möglichkeit, sich von der Priorin, also der Leiterin unserer Ordensgemeinschaft, oder von einer Pfarrerin oder einem Pfarrer persönlich segnen zu lassen. Nach einer freundlichen Einladung konnten die Gottesdienstbesucher, Gäste und Schwestern in den Altarraum kommen und sich stehend oder kniend den segnenden Worten öffnen, die ihnen zugesprochen wurden. Dabei legte die Segnende die Hände freundlich auf den Kopf oder auf die Schulter, damit das gute Wort auch zu spüren war.

Keineswegs wagte ich es, mich an jedem Freitagmorgen in der Reihe der zu Segnenden einzufinden. Zu kostbar erschien mir die Berührung durch Wort und Hand, als dass ich meinte, sie mir jede Woche wünschen zu dürfen. Nein, ich bewahrte sie auf für die Zeiten, in denen ich den Segen wirklich nötig hatte: vor einer Reise zum Beispiel, vor einer schwierigen Aufgabe im Arbeitsbereich oder in einer Konfliktsituation oder einfach dann, wenn ich das Gefühl hatte, nur noch im Dunkeln zu tappen und keinen Weg mehr zu erkennen. Dann brauchte ich die Berührung, den Zuspruch, die Nähe eines Menschen, der für mich für diesen kleinen Augenblick so etwas wie ein Unterpfand für die Liebe Gottes wurde. Und auch wenn dieser Augenblick nur wenige Sekunden dauerte – nicht selten trug mich das gehörte Wort, die gespürte Berührung durch den ganzen Tag, manchmal bewahrte ich ein gehörtes Segenswort, auf einen kleinen Zettel aufgeschrieben, tage- und wochenlang auf und trug es mit mir herum.

Obwohl ich also diese spürbare Zuwendung Gottes durch einen Menschen nur selten erbat, reichte das Wissen um ihre Möglichkeiten aus, um mir diesen einen Morgen in der Woche in hellen Glanz zu verwandeln. Ich könnte ja hingehen …! Und manchmal schien es, als würde der Segen, der einer oder einem anderen zugesprochen wurde, auch uns Schwestern der Gemeinschaft, die wir im Chorgestühl um die Segnenden saßen, mit erfüllen. Segen ist nicht gebunden an einen Menschen, auch wenn er diesem oder dieser einen in besonderer Weise gilt. Diese kleine, aber wesentliche Erfahrung des Freitagmorgens bleib mir in Erinnerung, als ich dann später selbst Menschen in den Gebetszeiten und Sonntagsgottesdiensten, in der geistlichen Begleitung und zu besonderen Anläsen wie bei der Taufe, bei der Hochzeit oder am Ende ihres irdischen Lebens segnen durfte.

Und immer wieder erlebe ich, dass es wirklich so ist – dass im Moment der Begegnung und Berührung eine Kraft fließen kann, die nicht gemacht, schon gar nicht von uns erzeugt, sondern geschenkt ist. Eine Kraft, manchmal körperlich spürbar wie ein warmer Strom oder ein weicher Quell, der aus der Gegenwart Gottes fließt und gleichermaßen Segnende und Gesegnete erfüllt. Beide sind beschenkt, beide werden Teil dessen, der in jeder, wirklich in jeder Lebenssituation für seine Menschenkinder das Leben und die Fülle will – auch wenn manches dagegen zu sprechen scheint.

Da sein, um da zu sein

von Irmtraud Tarr

„Du bist da, um da zu sein", so antwortet der schwere Steinbrocken in dem Bilderbuch von Wolf Erlbruch auf die Frage: „Wozu bist du auf der Welt?" Der Vogel zwitschert: „Um dein Lied zu singen bist du da!" und die Ente watschelt unbeirrt weiter: „Keine Ahnung!" Keiner in diesem Buch kommt um die Frage herum, genauso wie wir. Es gibt einen, der die Diskrepanz zwischen dem Allumfassenden und den banalen Nöten von uns endlichen Sinnsuchern auf den Punkt bringt: „Die Zukunft hält große Chancen bereit, aber auch Fallstricke. Der Trick wird sein, den Fallstricken zu entgehen, die Chancen zu ergreifen und um sechs Uhr wieder zuhause zu sein." Dieser Trick stammt unverkennbar von Woody Allan. Mir fällt Ähnliches ein: „Wer sind wir? Woher kommen wir? Wohin gehen wir? Wann gibt es Abendessen?" Bei einer so großen Frage, wie jener nach dem Sinn, mutet es vielleicht merkwürdig an, wie nahe das Allzumenschliche liegt. Das hat vielleicht damit zu tun, dass in der Sinnfrage immer auch die Frage nach dem Sinn des Todes mitschwingt. Mitten im prallen Leben über den Tod nachzudenken, ist für unser Gehirn eine ziemliche Zumutung. Aber um die Mitte des Lebens, wenn man anfängt, nicht mehr jung zu sein, und erlebt, wie die Menschen um einen herum zu sterben beginnen, verändert sich die Sichtweise. Als Jugendliche haben wir verschwenderisch in den Tag hinein gelebt und nun realisieren wir, dass unsere Tage gezählt sind und dass jeder Tag zählt. Aus dem abstrakten „Alle Menschen sind sterblich" durchrieselt es einen plötzlich kalt: „Ich werde sterben". Wir begreifen allmählich, was Endlichkeit heißt. Und dass in den Naturgesetzen nichts erkennbar ist, das uns eine besondere Stellung im Universum verleiht. Im Gegenteil, die Naturgesetze sind unpersönlich und interessieren sich nicht für uns.

Das beschäftigt auch Jugendliche, die immer wieder fragen: „Lohnt es sich überhaupt zu leben, wenn ich am Ende doch sterben muss?“ Oder wie der amerikanische Philosoph Thomas Nagel lakonisch feststellte: „Wir sind winzige Staubkörnchen in den unendlichen Weiten des Alls … die Spanne unseres Lebens ist nicht mehr als ein Augenblick. Wir können alle jeden Moment tot sein.“

Dies bedeutet nun aber nicht, dass unser Leben sinnlos ist. Wir können einander das Leben erleichtern, einander lieben, nach Kräften unterstützen und versuchen, unser Leben zu verstehen. „Wir nehmen uns ernst, ob wir nun ein ernstes Leben führen oder nicht“, so folgert Nagel. Es bleibt uns also nichts anderes, als die große Sinnfrage in eine Frage zu überführen, die für uns denkbar und umsetzbar sein kann: unser eigenes Lebenswerk. Nur wir Menschen können neben uns treten und uns selbst betrachten. Wir sind nicht nur Darsteller, sondern auch Zuschauer unseres Lebens.

In eine ähnliche Richtung der Einfachheit und Praktizierbarkeit geht der Film von Monty Python, „Der Sinn des Lebens“. Am Ende des Films wird einer Fernsehmoderatorin ein goldener Umschlag überreicht, er enthält den Sinn des Lebens: „Versuchen Sie, nett zu anderen zu sein, vermeiden Sie fettes Essen, lesen Sie hin und wieder ein gutes Buch, verschaffen Sie sich genügend Bewegung und bemühen Sie sich, mit Menschen aller Nationen und Religionen in Frieden und Eintracht zusammenzuleben.“ So einfach kann es sein, oder doch nicht? Zumindest wollte Monty Python nicht nur komisch daherkommen, eher lese ich, dass uns kaum anderes bleibt, als uns bewusst ins tätige Leben zu werfen. Mit dem Sinn geht es uns ähnlich wie mit unserem Herzen. Es macht auch nicht ständig auf sich aufmerksam, es sei denn, wir würden ständig nach innen horchen, aber das fiele dann unter die Kategorie „Herzneurose“. Deswegen haben es diejenigen mit dem Tätigsein schwer, die hypochondrisch an der allumfassenden Sinnfrage kleben, weil sie ständig über ihren eigenen Schatten springen wollen und vor lauter Nachdenken kaum zum Leben kommen. Vergleichbar mit den erwähnten Hypochondern, die ständig mit ihrer Gesundheit beschäftigt sind und dabei übersehen, dass Gesundheit in der Verborgenheit lebt. „Wer beobachten will, kann nicht mitspielen", so die Schlussfolgerung frei nach Wilhelm Busch.

Heißt das nun, dass wir, wie es der Philosoph Odo Marquard empfahl, in Sachen Sinn einfach bescheidener werden sollten? Sind wir heute zu sinnhungrig? Erwarten wir zu viel Sinn und sind deshalb so leicht zu enttäuschen? Eher glaube ich, dass unser Sinnhunger wegen der überwältigenden Menge von Sinn-Ersatzstoffen, Ablenkungen und Zerstreuungen, durch oberflächliche Täuschungsmanöver nicht mehr zu stillen ist. Wir wollen keine Sinn-Surrogate, wir wollen Sinn. Gerade deswegen meldet sich der Hunger so unüberhörbar, weil er sich nicht mehr durch Täuschungen, Abkürzungen oder Ersatzstoffe in die Irre führen lassen will.

Kaum jemand, der nicht die Sehnsucht kennt, einen Tag zu erleben, der einen satt gemacht hat mit Sinn. Ein Tag, an dem man abends müde aber mit vollem Herzen heimkehrt und sagen kann: „Es war ein guter Tag." Dieses Gefühl ist das Gegenteil zur Vergeblichkeit, die unsere Wünsche, Motivationen und Kräfte reduziert und unsere Flügel lahm werden lässt. Dann werden Fragen laut: „Wenn ich nur noch arbeite und abends todmüde ins Bett falle und zu nichts anderem mehr komme – hat das einen Sinn?" „Wenn ich von einer Enttäuschung in die nächste gerate – hat das einen Sinn?" „Wenn die Streitigkeiten der Nachbarn, die Gewalttätigkeiten am anderen Ende der Stadt nicht enden wollen – hat das einen Sinn?" Fragen über Fragen, die mehr oder weniger offen nach Gegenkräften zur Vergeblichkeit suchen. Dass die Vergeblichkeit an allen Ecken lauert, erleben wir täglich, und dennoch geraten wir da in eine Tabuzone, in der jeder meint, allein bleiben zu müssen. Was hindert uns, sich offen darüber auszutauschen? Wäre das nicht eine Gegenmacht zur Vergeblichkeit, wenn wir einander mit diesen

Zweifeln nicht allein ließen? Denn totzukriegen sind diese Fragen ohnehin nicht, im Gegenteil: Sie führen uns genau an die Stellen, wo wir einen Blick auf neue, andere Optionen gewinnen. Und wenn die Perspektive nur darin besteht, dass ein anderer kommt und sagt: „Ich bin in deiner Nähe – wenn du reden willst."

In der letzten Zeit vor meinem Tod

von Erich Fried

Natürlich schreibe ich dies, während ich noch lebe und nicht einmal viel weniger Lebenskraft in mir spüre als vor meiner Erkrankung. Weil ich aber schon alt bin und den Verlauf der Krankheit in den meisten Fällen, die in den ersten Jahren so verliefen wie meine, ziemlich gut kenne, und weil ja irgendeine Zeit des Lebens die letzte sein muss, ob man nun ihren Anfang zwei, drei Monate oder Jahre früher oder später ansetzt; außerdem, weil mehrere andere, die ich in ihrer letzten Lebenszeit bis zu ihrem Tod beobachten konnte oder musste, in dieser Zeit ein wenig anders reagiert haben als zuvor, und weil ich ähnliche Veränderungen jetzt bei mir selbst bemerke, glaube ich, dass ich diese Zeit wirklich die letzte Zeit vor meinem Tod nennen darf.

In der letzten Zeit vor meinem Tod ist das Leben in mancher Hinsicht einfacher geworden. Streit mit Behörden, Steuerfragen, Konflikte in meinem Bekanntenkreis, alles Angelegenheiten und Ungelegenheiten, mit denen ich mich nach wie vor befassen muss, sind weniger nervenaufreibend als zuvor. Wahrscheinlich, weil die Gegenspieler in all diesen Angelegenheiten meistens an Stelle des Vaters, wie ich ihn in meinen frühen Kindheitsjahren sah, oder, was vielleicht dasselbe ist, an Stelle des Todes standen, und weil es zu einer Zeit, in der ich mich mit dem Tod selbst schon ziemlich gründlich befassen musste und weiterhin befassen muss, nicht mehr angeht, sich seine bloßen Ersatzbilder zu nahe gehen zu lassen.

In der letzten Zeit vor meinem Tod habe ich das Leben zwar wahrscheinlich nicht wirklich viel lieber gewonnen als zuvor, ich habe es immer geliebt, aber ich bin mir dieser Liebe, glaube ich, deutlicher bewusst geworden. Die Bäume im Garten haben erkennbarere Konturen bekommen. Sie wirken nähergerückt, grüner, solange sie Laub tragen, schwärzlicher und weißer, wenn Schnee auf ihren entlaubten Zweigen liegt wie jetzt und ab und zu von einem aufzitternden Zweig zu Boden fällt. Das ist so ähnlich, wie man einen Schauspieler auf der Bühne sofort besser hören kann, wenn ein Scheinwerfer ihn beleuchtet. Natürlich nur, solange man nicht blind ist.

In der letzten Zeit vor meinem Tod ist meine Eigenliebe wieder größer geworden. Nicht auf Kosten der Liebe zu meinen Kindern, zu meiner Frau oder zu meinem sechs Monate alten dritten Enkelkind, das hier im Haus wohnt. Im Gegenteil, auch die Liebe zu ihnen allen ist deutlich merkbar größer oder wenigstens mir stärker bewusst geworden. Aber die Eigenliebe ist etwas anderes, zum Teil eine Wiederentdeckung. Morgens nach dem Erwachen kann ich mit einer Fingerkuppe die Haut über meinen Rippen streicheln und ihre warme, weiche Berührung genießen wie als kleines Kind. Auch dass mein ganzer Körper, wo immer ich ihn anrühre, Beine, Bauch, Geschlecht, Arme, greifbar vorhanden ist, solid und sich eigentlich recht wohl fühlt, kann eine kleine Freude sein, die ich mir jetzt fast jeden Tag nach dem Erwachen und vor dem Einschlafen bereite. Manchmal fahre ich mir untertags mit der Hand liebevoll über den Nacken, über die Wange, oder mit der Rechten über den linken Oberarm, und finde das gut.

Manchmal wird mir bei diesem Wissen und Fühlen meines Vorhandenseins ganz warm. Einmal habe ich leise zu lachen angefangen, weil ich mir plötzlich die Worte vorgesagt hatte: „Ich sonne mich in der Gewissheit, dass ich mir meinen Tod in Wirklichkeit gar nicht vorstellen kann. Das Sterben vielleicht, auch nicht bis ganz zuletzt. Den Tod aber überhaupt nicht."

In der letzten Zeit vor meinem Tod ist mir klargeworden, dass ich natürlich auch Angst vor dem Tod habe und nicht einmal weiß, wie gering oder groß diese Angst ist. (In der Nacht, wenn ich aufwache und keinen Gesprächspartner habe, ist sie immer größer als untertags oder am Abend, wenn die beängstigende Abenddämmerung schon durch Lampenlicht und Vorhänge besiegt ist.) Aber ein Teil dieser Angst, der mich in früheren Jahren manchmal gestört hat, liegt jetzt, glaube ich, hinter mir: die Angst, zuletzt angesichts des Todes schwach zu werden, zu versagen. Ich bin draufgekommen, dass der Tod, zum Unterschied von den meisten Lebenslagen, keine Prüfung ist, oder aber, was auf dasselbe herauskommt, eine Prüfung, die bisher noch jeder, der je gelebt hat, bestanden hat. Mich erinnert das an unseren Religionsunterricht in der Oberschule, der eine Erholung war, weil in diesem Gegenstand noch kein einziger Schüler, ganz gleich welcher Konfession, je durchgefallen war und auch nie durchfallen würde.

In der letzten Zeit vor meinem Tod ist die Liebe einfacher geworden als zuvor. Schon seit Jahren wäre es mir kaum mehr eingefallen, intensive Zärtlichkeiten mit einem Menschen zu tauschen, den ich nicht wirklich liebhabe. Wo ich aber liebe und liebgehabt werde, dort ist in der letzten Zeit vor meinem Tod der Anblick und das Wahrnehmen eines solchen Menschen mit allen Sinnesorganen deutlicher geworden, noch viel deutlicher als das Wahrnehmen der Bäume im Garten, von dem ich zuvor gesprochen habe. Und dann sind mir alle Zärtlichkeiten etwas geworden, was ich froh und dankbar und ohne Probleme und Schuldgefühle genieße, ohne Frage, ob es unsere Liebesbeziehung in der Ehe ist oder sogenannter Ehebruch, allerdings nie in Verbindung mit Heimlichkeiten oder Lügen. Ich habe von Zwangseinengungen nie viel gehalten und mich schon vor vierzig Jahren und noch früher dagegen aufgelehnt. Aber jetzt ist es nicht einmal Auflehnung, sondern nur einfach ein Teil des Lebens wie Essen und Trinken und wie Freundschaft und das Lesen von guten Geschichten, nur noch intensiver und natürlich zu zweit.

In der letzten Zeit vor meinem Tod bin ich draufgekommen, dass ich mehr Zeit habe als zuvor. Vielleicht weil ich mich weniger oft hetze oder hetzen lasse und weil ich mir einige Vorhaben dadurch erspare, dass ich mir sage, ich kann ihre Ausführung ohnehin nicht mehr überwachen. Dafür bin ich andererseits davon abgekommen, mit meiner Zeit zu streng hauszuhalten. Das ist so ähnlich, wie wenn Liebende einander nur selten und nur auf kurze Zeit sehen können. Entweder beschließen sie, jede Minute, ja jede Sekunde dieser Zeit auszunützen und sich dabei gegenseitig behilflich zu sein. Dann überwachen und drängen sie einander so, dass sie, um ja keine Zeit zu versäumen, überhaupt keine ruhige Minute mehr haben und nicht mehr zu Atem kommen. Oder aber sie finden rechtzeitig heraus, dass gerade die Beschränktheit ihrer Zeit es ihnen nicht erlaubt, zeitgeizig zu werden. Dann können sie einander ruhig anhören und angehören und in der Zeit, die ihnen jeweils bleibt, glücklich sein. Ich glaube, dasselbe gilt für die Zeit, die einem nicht jeweils, bei wiederholten kurzen Begegnungen, sondern nur einmal bleibt. Ich glaube sogar, es gilt für dieses eine Mal, für diese einmalige, unwiederholbare Zeit ganz besonders.

In der letzten Zeit vor meinem Tod habe ich allerdings auch mit der Zeit, oder vielleicht auch *gegen* den Strom der Zeit, herausgefunden, dass die Erkenntnis, nur noch dieses eine Mal Zeit zu haben, nicht ein Todesurteil mit bemessener Galgenfrist ist. Wie lang dieses eine Mal sein wird, das steht ja nicht fest. Es wird vielleicht sogar von der Hoffnung, doch noch länger zu leben, und von der Kraft, mit der man diese Hoffnung verteidigt, wirklich verlängert. Ich glaube nicht, dass ich die letzte Zeit vor meinem Tod damit verbringen sollte, mir ständig laut oder leise vorzusagen: „Ich will noch länger leben, noch ein wenig länger, und noch und noch und noch ein wenig länger." Oder zu denken: „Nein, ich will nicht sterben, ich will meine ganze Kraft daransetzen, mich gegen den Tod zu stemmen."

Wer sich nur damit befassen kann, länger leben oder noch lange nicht sterben zu wollen, der hat nur diesen Gedanken als Lebensinhalt, und das ist doch, besonders wenn das Leben wirklich noch längere Zeit dauert, ein sehr dürftiger, ja ein langweiliger Lebensinhalt. Ich will mich in der letzten Zeit vor meinem Tod nicht mit dem Leben-bleiben-Wollen beschäftigen, wenigstens nicht mehr als einen kleinen Bruchteil meiner Zeit und Kraft daran wenden, sondern ich will das sehen und tun, was es im Leben zu sehen und zu tun gibt. Ich bin neugierig, vielleicht neugieriger als je zuvor, wie viel ich noch vom Wachstum meines kleinsten Enkelkindes sehen werde, das jetzt gerade erst seinem Körbchen zu entwachsen beginnt; und ich will, wenn es mir möglich ist, auch noch sehen, was die nächsten Schritte sein werden, die meine beiden siebzehnjährigen Söhne unternehmen, und welche Bilder mein nächstälterer Sohn, ihr Halbbruder, malen wird, und meine Frau, die wieder zu malen begonnen hat. Schon wenn ich auf nichts neugierig wäre, außer auf das, was meine Angehörigen tun, gäbe es mehr, auf das man neugierig sein könnte, als auch in einer ganz langen Lebenszeit zu bewältigen wäre, denn ich habe sechs Kinder und drei Enkelkinder. Sogar wenn man gar keinen Wert darauf legt, manchmal zur Ruhe zu kommen, muss man sich da Ruhe lassen, sonst überstürzt man sich nur und sieht dann gar nichts mehr. Aber meine Neugier und Anteilnahme reicht weit über meinen Familienkreis und weit über das Land hinaus, in dem ich wohne.

In der letzten Zeit vor meinem Tod hatte ich manchmal Mitleid mit mir, aber nicht öfter und nicht mehr, als ich Mitleid mit den anderen hatte. Irgendwie schien alles, ob ich wollte oder nicht, an seinen rechten Fleck zu kommen und seinen richtigen Rhythmus anzunehmen. Sogar wenn ich in dem Maße vergehen müsse, sagte ich mir, in dem ich mein kleinstes Enkelkind wachsen sehe, könne ich dabei so etwas wie einen Gleichgewichtszustand entwickeln, und ganz bestimmt würde ich ja nicht auf Kosten des Wachstums dieses neuen kleinen Wesens dabei bleiben wollen. Bei diesem Gedanken freute ich mich natürlich auch, dass eine derartige Alternative in Wirklichkeit überhaupt nicht besteht.

In der letzten Zeit vor meinem Tod habe ich auf diese Weise sogar mit meiner Unzufriedenheit zufrieden zu sein gelernt. Gewiss, ich habe die Unzufriedenheit schon immer als eine der höchsten Tugenden und als eine bewegende Macht der Geschichte geschätzt und verteidigt. Sie war immer schon das Gegengewicht gegen den gefügigen Untertanengeist. Aber erst jetzt sah ich, dass auch die Unzufriedenheit mit dem Sterbenmüssen, so vergeblich sie im letzten Augenblick auch sein mag, notwendig und gut ist, um das Recht aufs Leben bis zuletzt hochzuhalten und zu verteidigen.

In der letzten Zeit vor meinem Tod könnte ich manchmal fast glauben, dass es die erste Zeit meines Lebens sei. Aber das wäre ein Irrtum.

Es ist aber auch möglich, dass ich mich irre und dass alles, was ich hier gesagt habe, in Wirklichkeit nicht für die letzte Zeit, sondern nur für die vorletzte Zeit vor meinem Tod gilt.

6 Rostfrei beständig: Himmelsschätze

Nichts wird,
Nichts ist,
Nichts bleibt im Himmel
Und auf Erden
Als diese Zwei:
Das eine ist Tun,
Das andre Werden.

ANGELUS SILESIUS

Wo dein Schatz ist, da ist dein Herz

von Jesus von Nazareth

Sammelt euch nicht Schätze auf Erden, wo Motte und Wurm sie zerstören und wo Diebe einbrechen und stehlen. Sammelt euch vielmehr Schätze im Himmel, wo weder Motte noch Wurm sie zerstören und wo Diebe nicht einbrechen und stehlen.

Denn wo dein Schatz ist, da wird auch dein Herz sein.

Das Licht des Leibes ist das Auge. Wenn nun dein Auge gesund ist, wird dein ganzer Leib licht sein. Wenn aber dein Auge krank ist, wird dein ganzer Leib finster sein. Wenn also das Licht in dir Finsternis ist, wie groß wird dann die Finsternis sein!

Niemand kann zwei Herren dienen. Denn entweder wird er den einen hassen und den andern lieben oder an dem einen hängen und den anderen verachten. Ihr könnt nicht Gott dienen und dem Mammon.

Noch bist du da
von Rose Ausländer

Wirf deine Angst
in die Luft

Bald
ist deine Zeit um
bald
wächst der Himmel

unter dem Gras
fallen deine Träume
ins Nirgends

Noch
duftet die Nelke
singt die Drossel
noch darfst du lieben

Worte verschenken
noch bist du da

Sei was du bist
gib was du hast

☆☆☆

Die vernünftig denken, müssen zur Ansicht kommen, dass sie den Reichtum zu verwalten haben, nicht zu genießen; sie entäußern sich seiner und freuen sich dabei, wie wenn sie fremdes Gut weggäben, und werden nicht traurig, als verlören sie ihren Besitz.

BASILIUS DER GROSSE

Lob der Tränen

von Dorothee Sölle

Ist es ein Trost, weinen zu können? Ist es ein Verlust, wenn uns die Tränen wegbleiben? Ich versuche über diese Frage nachzudenken im Zusammenhang meiner eigenen Erfahrungen mit dem Weinenkönnen.

Ich erinnere mich genau an ein Gespräch, das ich vor zwanzig Jahren mit einem Rundfunkredakteur führte. Fast beiläufig erzählte er mir, es gebe in der katholischen Liturgie die Bitte um Tränen. Ich erschrak, weil ich merkte, dass mir etwas fehlte. Heute glaube ich, dass diese Bemerkung eines älteren Freundes keineswegs beiläufig war. Vielleicht kannte er mich besser, als ich mich kannte, und ahnte etwas von der Trauer, die in mir steckte. Er wollte mich hinweisen auf die lösende und reinigende Kraft der Tränen. Es ging nicht um eine Aussprache, und unser Medium war nicht die psychologische Analyse. Es ging um mein Weinenkönnen, und das Medium war Religion. Ich erschrak, weil ich merkte, wie lange ich nicht mehr geweint hatte, und dieser Schrecken war der Anfang des Gebets. Ich schrieb danach einen Text mit dem Titel „Weinen Sie“, der zu meinem Erstaunen über den Sender ging, und ich will diesen zwanzig Jahre alten Text anfügen, trotz einiger Zweifel und Bedenken, die ich unterdessen an dieser Art zu sprechen und an ihrem philosophischen Hintergrund, dem Existenzialismus, habe. Es ist ein existenzieller Text, die Worte einer jungen Frau, die verstört ist durch Wirtschaftswunder und Remilitarisierung, die Christ zu sein und ihr Leben im Licht der Bibel zu verstehen versucht, ohne auf die fertigen Antworten und Gewissheiten der kirchlichen Tradition zurückgreifen zu können:

Weinen Sie, Herr Müller, weinen Sie, Fräulein Schmidt, haben Sie keine Angst, Ihr Gesicht nass zu machen, Ihre Hände, Ihr Taschentuch. Tränen sind nicht schmutzig, genieren Sie sich nicht. Bewahren Sie nicht Haltung, das war lange genug befohlen, Ihr Mund braucht das nicht mehr: Stolz und die Zähne zusammengebissen, Ihre Augen haben vergessen, was das soll: Gefasstheit und geradeaus, werfen Sie das weg. Weinen Sie, tun Sie nicht so als ob, auch Leiden will gelernt sein.

Weinen Sie, es ist eine Sache der Drüsen, die anschwellen können und salziges Wasser produzieren, Wasser, das bitter schmeckt in den Mundwinkeln und das die Wimpern ausgehen lässt. Misstrauen Sie den wimpernreichen Augen und den faltenlos glatten Hautküsten drumherum, spätestens von 32 Jahren an ist einer für sein Gesicht verantwortlich.

Weinen Sie, solange Zeit ist zum Weinen, die Überlebenden von Hiroshima konnten es nicht mehr, da zuckten nur noch die trockenen Augen, die Funktion versagte, es kam nichts mehr, vorbei. Weinen Sie, es macht hübscher, sagen manche, manche meinen auch, es macht alt vor der Zeit, die roten Lider und die geschwollene Nase, es lässt sich nicht verbergen, jeder erkennt es, kein Puder hilft Ihnen und kein Make-up – aber lässt es sich denn verbergen, wie tränenlos ein Gesicht war?

Weinen Sie, Achill weinte um die schöne Briseis, und Odysseus weinte, weil er zehn Jahre umherirrte, und Goethe weinte noch als alter Mann, und Jesus weinte als er die Stadt sah, in der wir wohnen, Sie und ich.

Und im Lande Uz saß Hiob und weinte. Er hatte eine Scherbe in der Hand, um sich den Aussatz abzukratzen, aber das half nicht, die Geschwüre krochen an ihm hoch von den Füßen bis zum Haar, die Flechten brannten, und die Blasen gingen auf, eiterten und vermehrten sich auf seiner Haut. Wo er gekratzt hatte, da verkrustete sich trockenes Blut. Er saß in der Asche, die sollte ihn kühlen und war ein Zeichen der Trauer, er kratzte sich und weinte.

Er dachte an die Tage vorher, gute Tage, schöne Tage, 7000 Schafe und 3000 Kamele, er hatte sie nicht gezählt, aber eher mehr, 500 Paar Rinder und noch 500 Eselinnen, das alles war sein in den guten Tagen, als er nicht in der Asche saß und sich nicht zu kratzen brauchte, nicht weinen musste im Lande Uz.

Die Rinder und die Eselinnen waren von Nachbarn geraubt, die Knechte gleich mitgenommen und in die Sklaverei verkauft worden, die Schafe hatte der Blitz erschlagen und ein Waldbrand verzehrt, und die nächstwohnenden Feinde hatten die Kamelhirten überfallen und die Tiere weggetrieben. Und Hiob saß in der Asche und weinte. Ein Sturmwind aus der Wüste hatte das Haus seines ältesten Sohnes zum Einsturz gebracht, unter den Trümmern lagen sie alle nebeneinander, die sieben Söhne und die drei Töchter Hiobs. Sie hatten ein Fest gefeiert an dem Tag, die Sonne hatte geschienen, und sie hatten Wein getrunken und miteinander gelacht, und getanzt hatten sie, als der Orkan kam aus der Wüste, sie hielten sich noch an den Händen gefasst, als man sie ausgrub. Und Hiob, ihr Vater, saß in der Asche und weinte, und seine Frau, ihre Mutter, kam zu ihm und weinte nicht, die hatte genug und spuckte es aus, was da gekommen war, dem ins Gesicht, der es geschickt hatte und sie nicht gehen ließ. Da gab es keine Tränen mehr, bei Hiobs Frau und in Nagasaki.

Aber Hiob weinte, und er verfluchte die Sterne, die am Morgen seiner Geburt blass geworden waren. Warum waren sie nicht erstarrt im Dunkel, warum mussten sie dämmern und den Tag herauflassen, den Tag, an dem er herauskam aus der dunklen Höhle, warum war nicht Nacht geblieben, und warum schien die Sonne im Lande Uz auf die Asche, wo er saß, sich kratzte und weinte?

Weinen Sie, auch Sokrates weinte über seinen Freund und Jesaja über ein Volk, und sogar Alexander soll geweint haben über ein Unrecht, das er getan hatte. Und Jesus aus Nazareth weinte, als er auf einem Hügel stand und auf die Stadt sah, in der wir wohnen, Sie und ich.

Weinen Sie, denn so ihr nicht werdet wie die Kinder, die haben soviel Tränen, zum Hinfallen welche und zum Gestochenwerden von einer Wespe und als der Luftballon platzte und als es Wirsing gab. Die Schmetterlinge sterben aus, weinen Sie, Schneewittchen wurde vergiftet, und dem kleinen Jungen rollte der abgeschlagene Kopf in die Truhe, in der lagen Äpfel, und er sollte auch einen kriegen, aber der Deckel schlug zu, und Marlenchen, das Schwesterchen, weinte, dass man die Suppe nicht mehr zu salzen brauchte.

Weinen Sie, Sie brauchen nicht erst ins Kino zu gehen, weinen Sie in Ihrem Hause, für sich ganz allein, es gibt kein Unglück, das Ihre Tränen nicht verdiente, lassen Sie sich nicht irremachen, was heißt schon sentimental, ob die Kinoschluchzer das Leben nicht mehr lieben als die Unanfechtbaren mit den trockenen, den vertrockneten Augen?

Nehmen Sie sich ein Beispiel an König David, schon als Junge ein Held, der sich nicht ins Bockshorn jagen ließ von einem Trumm von Mann namens Riesengoliath. Kein Ängstlicher, keiner, der nahe am Wasser gebaut hat und dem die Nerven leicht durchgehen, was für Redensarten, um zu sagen, dass einer ein Mensch, ein tränenbegabtes Wesen ist. König David also weinte in seinem Palast zu Jerusalem über das kleine Kind der Frau, die er so sinnlos gewollt hatte, dass er ihretwegen die Ehe brach und ihren Mann an den Tod auslieferte, einen perfekten und ruhmreichen Heldentod. Er ließ ihn ungedeckt in einem unnützen Gefecht vor den Feind kommen, und richtig berechnet kam Uria um, weil seine Frau Bathseba hieß und sehr schön gewesen sein muss. Dem David gebar sie einen Sohn, und als das Kind krank wurde, ging David, König, in ein Haus zum Beten, aß nicht und trank nicht, schlief auf dem Fußboden und trug ein Gewand der Trauer. Die Hofleute fürchteten, er wolle sich etwas antun, und sie gingen zu ihm und flehten ihn an, der auf dem Fußboden lag, sich zu erheben, König, Mann, Politiker, Feldherr, aber er antwortete nicht und weinte. Er aß nicht, er lag auf dem Boden, er weinte sieben Tage und sieben Nächte, während das Kind mit Krankheit geschlagen wurde und mit Fieber geschüttelt und sein helles Geschrei durch das Haus drang, immer leiser werdend. David hatte den

Tod verdient, und er wusste es, aber warum sollte das Kind daran glauben, wenn ihm doch vergeben war, wie ein Pfarrer gesagt hatte, warum ließ man es ihm nicht, wenn überhaupt die Rede sein konnte von Vergebung? Sieben Tage und Nächte lag David auf dem Fußboden und weinte um das Kind, das doch starb am siebten Tag.

Umsonst sind die Tränen Davids geflossen, und umsonst weinte Hiob, und umsonst weinte Jesus von Nazareth, als er die Stadt sah, in der wir wohnen, Sie und ich.

Weinen Sie ruhig, es ist keine Schande, sich nicht trösten zu lassen mit Krims und Krams, mit Ersatz und Kommtsonnenschein, haben Sie keine Angst, sich dem Schmerz zu geben, bei ihm sind sie nicht schlechter aufgehoben als bei anderen, offen stehen all seine Türen, er nimmt sie, ohne viel Fragen. Weinen Sie und schonen Sie sich nicht. Nicht die Gesundheit und nicht die Volkswirtschaft und nicht den Zuschnitt Ihres Lebens und nicht die zweieinhalb Zimmer Ihrer Wohnung sollten Sie dazu bringen, sich zu sparen. Weinen Sie, sparen Sie nicht Tränen, wer weiß, ob Sie morgen noch Zeit haben, noch Herz haben, noch Mut haben, noch Tränen haben.

Weinen Sie, es ist etwas, das Sie ohne wozu? tun. Es ist nicht effektiv, niemand befühlt Ihr Kopfkissen des Morgens, niemand zählt Ihre Tränen, und was Sie erreichen können mit Tränen, das vergeht schnell wieder, Sie können sich schließlich nicht dranhalten. Tränen sind unnütz, sie sind Verschwendung, Überschuss, Tiere weinen nicht, keine Zwecke verfolgt die Natur hier, Sie erhalten weder sich noch Ihre Art durch Tränen, weinen Sie also, es nützt nichts, weinen Sie, es ändert nichts, weinen Sie, es bessert niemanden, auch Sie nicht, es hilft keinem, auch ihm nicht, weinen Sie.

Im Lande Uz saß Hiob in der Asche und weinte, im Tempel lag David und weinte, und im Gefängnishof stand Petrus und weinte, bitter.

Petrus weinte, weil es zu spät war. Er hatte Treue geschworen und sie verraten, schneller als üblich, er wollte ausharren und dabeibleiben bis zum Ende und fiel sofort um bei der ersten bis dritten Gelegenheit. Drei Gelegenheiten ist eine ganze Menge zum Versagen. Im Allgemeinen wird das Urteil eher bekannt, nach der ersten oder höchstens nach der zweiten. Petrus hatte es also besonders gut erwischt. Als er schwur und Sprüche machte, ewig, bis der Tod uns scheidet, und wenn ich sterben sollte, hatte er sich's viel schwerer gedacht: öffentliches Verhör, strahlende Beleuchtung, die Großen des Landes und alle Interessierten versammelt, Hass in den Augen, Verachtung um die Mundwinkel. Und er, Petrus, Sprecher der Jugend eines Volkes, legte ein Bekenntnis ab. Aber in Wirklichkeit war es kühl und war es dunkel, und er stand in einer Ecke herum, und irgendeine Scheuerfrau ging vorüber, schaute sich noch nicht mal um, wollte gar nichts Besonderes sagen, keine Denunziation, achduliebezeit, eine Randbemerkung, man hätte sie überhören können, und er hätte nichts riskiert, wenn er ja gesagt hätte. Und auch an dem Feuerchen der Knechte, er hatte sich wärmen wollen, war nicht die Stunde der Bewährung gekommen, eine sachliche, etwas spöttische Feststellung. Eine vollkommen gefahrlose Situation, was sollte schon passieren, wenn er zugegeben hätte, was doch offensichtlich war, man hatte ihn gesehen, man hörte seinen Dialekt, es gab nichts zu vertuschen. Aber er hatte sich gewehrt, er hatte zurückgeschlagen, viel zu heftig, so wild war es ja gar nicht gemeint, kein Mensch hatte Interesse an einer Diskussion – und das war das Ganze, und das hieß nun Verleugnung und war nie mehr gutzumachen, war nur zu beweinen, zu spät und vorbei. Weinend stand er da im Hof, weinend lief er hinaus in die Nacht, die schon grau wurde, weinend lief er hinter seinem Leben her, das verschwunden war, das zerstört war, wie bei dem in der Asche im Lande Uz, wie bei dem auf dem Fußboden im Tempel zu Jerusalem.

Petrus sieht den nicht wieder, den er verriet; der geht jetzt sterben, und zwar ganz allein. Und Petrus tut, wozu ich Sie ermutigen möchte, er weint um sein Leben, um sein Zuspät, das nicht aufzuholen ist. Es gab keinen anderen Weg mehr. Bitter, heißt es, weinte er. Und selbst zum Weinen musste ihn erst einer ansehen, und das ist vielleicht immer so, dass einen einer ansieht, wenn man weint, auch den David hat er angesehen, auch den Hiob und Sie auch, aber das ist schon so lange her, als Sie zum letzten Mal geweint haben.

Und Jesus weinte. Über Jerusalem. Und über Düsseldorf. Über Oran und über Southampton und über Karl-Marx-Stadt und über Nagasaki und über Oswieçim und Treblinka und Wolfsburg und über zwei andere Städte, deren Namen kennen nur Sie, aber Sie kennen sie gut; in der einen Stadt waren Sie vor fünf oder sechs Jahren, kann auch schon länger her sein oder kürzer, und in der anderen Stadt sind Sie gerade jetzt, und über beide Städte wird geweint.

Weinen Sie ruhig. Stellen Sie sich zu ihnen, in die Asche, auf den Fußboden, vor die Tür. Stellen Sie sich dorthin, wo die Weinenden stehen: draußen, daneben, unten. Und stellen Sie sich zu ihm, der weint, als er die Stadt ansah, in der wir wohnen, Sie und ich.

Heute, zwanzig Jahre nachher, frage ich mich, was sich geändert hat und ob wir nicht noch mehr Grund haben zu weinen, wenn wir die Stadt ansehen, in der wir wohnen, die Ängste der Menschen vor der Bodenspekulation und der sogenannten Sanierung und vor den nahebei gelagerten Atomraketen. Noch nicht lange her, da sind Jugendliche verzweifelt und aggressiv in Zürich auf die Straßen gezogen; einer der Sätze, die sie auf die Häuser sprühten, hieß: „Wir haben schon Grund genug zum Weinen, auch ohne Euer Tränengas." Dieser Satz hat mich sehr betroffen. Wenn ich heute über das Weinen nachdenke und über die Gabe der Tränen, dann fallen mir nicht nur die Opfer von Hiroshima ein, die nicht mehr weinen konnten, sondern auch das Gas, das die, die nicht mehr weinen wollen, denen verordnen, die „schon Grund genug zum Weinen" haben.

Oft erscheint es mir so, als seien nur zwei Sprachen erlaubt in unserer Welt: die Sprache der Wissenschaft, die wertfrei und gefühllos ist, und die Sprache, die wir täglich in der Werbung hören, die banal ist und alle Gefühle trivialisiert, sodass Liebe mit einem Auto und Reinheit mit einem neuen Waschmittel zusammengebracht werden. Unter diesen Oberflächlichkeiten gibt es eine Nicht-Sprache der dumpfen Gereiztheit, das Gefühl, dass einem Gewalt angetan worden ist, und den Wunsch nach Gegengewalt. Was in den Schulen und Ausbildungsstätten gelehrt wird, ist die rationale, abgehobene, möglichst handlungsentfernte Sprache, eine Rede, aus welcher der Gestus der Bewegungen, die Farbe des Dialekts, aus der Verlangsamung und Beschleunigung, Rhythmus und Ausdruck von Schmerz und Freude entfernt worden sind. Eine Art Plastiksprache, wie Politiker sie brauchen, denen zur Neutronenbombe zunächst nur einfällt, dass sie eigentlich nichts Neues beinhalte. Die Gefühle, die Ängste und die Freuden werden in dieser Sprache verleugnet, sie zählen nicht. Emotional sein, das wird in dieser Sprache zum Schimpfwort. Die Gefühle sollen so unterhalb dessen bleiben, was sprachlich zugelassen ist, sie dürfen sich nicht äußern und können, wie totgeboren, nichts bewirken. Statt über die Neutronenbombe zu weinen, was eine menschliche Reaktion wäre, wird das Faktum, dass sie von der amerikanischen Regierung zur Massenproduktion freigegeben worden ist, heruntergespielt. Politiker, die es wagen, sich menschlich, und das bedeutet auch emotional, zu äußern, setzten sich der Gefahr aus, zurückgepfiffen oder lächerlich gemacht zu werden. Es darf nicht geweint werden in unserer Kultur, und somit haben wir auch auf die reinigende und tröstende Kraft, die die christliche Tradition den Tränen zuschrieb, verzichtet.

Ohne Tränen sein, das bedeutet, in einer ausdrucksarmen und gefühlsunfähigen Kultur zu leben. Wir verleugnen das Bedürfnis nach dem Geist, der tröstet und zur Wahrheit führt, wir bilden uns ein, wir könnten ohne Geist leben, ohne ausgedrückten Schmerz und ohne Trost. Wir haben die Bitte um die Gabe der Tränen vergessen. Ich will hier ein Gedicht einfügen, das gegen dieses Vergessen angeht und ein Gebet ist.

gib mir die gabe der tränen gott
gib mir die gabe der sprache

führ mich aus dem lügenhaus
wasch meine erziehung ab
befreie mich von meiner mutter tochter
nimm meinen schutzwall ein
schleife meine intelligente burg

gib mir die gabe der tränen gott
gib mir die gabe der sprache

reinige mich vom verschweigen
gib mir die wörter den neben mir zu erreichen
erinnere mich an die tränen
der kleinen studentin in göttingen
wie kann ich reden
wenn ich vergessen habe, wie man weint?
mach mich nass
versteck mich nicht mehr
gib mir die gabe der tränen gott
gib mir die gabe der sprache
zerschlage den hochmut mach mich einfach
lass mich wasser sein das man trinken kann
wie kann ich reden
wenn meine tränen nur für mich sind
nimm mir das private eigentum
und den wunsch danach
gib und ich lerne geben
gib mir die gabe der tränen gott
gib mir die gabe der sprache
gib mir das wasser des lebens

Die Bereitschaft zu dienen

von Wangari Maathai

In spiritueller Hinsicht wachsen unsere Zufriedenheit und unser Glück, wenn wir unsere Gier kontrollieren können und eine innere Disziplin entwickeln, mit der wir die Habgier und die Selbstsucht zügeln, der wir allzu leicht zum Opfer fallen. Wir verlieren so auch das Gefühl des „Un-Wohlseins", in dem vielleicht der Grund dafür liegt, dass so viele verzweifelte – und beunruhigenderweise meist junge – Menschen meinen, sich mit Tabletten, Zigaretten, Drogen oder Alkohol kurieren oder betäuben zu müssen.

Ein Aspekt des Dienens, der mir persönlich sehr am Herzen liegt, ist das Prinzip der dienenden Führung. In *The Challenge of Africa* habe ich einige Menschen vorgestellt, die sich der Aufgabe verschrieben haben, alle Mitglieder ihrer Gemeinschaft unabhängig von ihrem gesellschaftlichen oder wirtschaftlichen Status in ihrer Entwicklung zu unterstützen, und die dadurch ihrer Gemeinschaft halfen. Diese Art der Führung zeigt sich sicher auch im Wirken von Propheten und Heiligen. Jesus etwa lebte das Dienen beispielhaft vor. Er stellte sich selbst und seine Botschaft in den Dienst der Menschen, die am Rande seiner Gesellschaft standen: Arme, Ausgestoßene, Frauen und Bettler. Was Jesus tat, war das Gegenteil der „Selbst-Bedienung"; und anders als eine räuberische, egoistische Führung, die die Schwächen ihrer Anhänger ausbeutet, ließ seine Führung auch keine Opfer zurück.

Selbstloses Dienen ist die Basis für vieles von dem, was wir an den Menschen bewundern, die uns als Vorbilder der Menschlichkeit erscheinen. Diese Menschen sind nicht nur vorbildhaft im Hinblick auf ihre eigene Selbstermächtigung, sondern auch in der Art, wie sie andere Menschen für ein Handeln zugunsten des Gemeinwohls motivieren. […]

Jede Generation muss sich damit auseinandersetzen, warum es sie gibt und wie man gegen sie angehen kann. Ebenso setzen sich Religionen seit ihren Anfängen damit auseinander, wie gläubige Menschen sich zu den politischen und wirtschaftlichen Strukturen der Gesellschaften stellen sollen, in denen sie leben. Jesus sagte seinen Jüngern, dass er nicht allezeit bei ihnen sein würde, dass dies aber für die Armen gelten würde (Matthäus 26, 11), und das sie ihre weltlichen Aufgaben von ihren Glaubensverpflichtungen trennen sollten (Matthäus 22, 21). Jesus hätte allerdings von den weltlichen und religiösen Institutionen erwartet, dass sie versuchen, Armut und Not zu lindern und daran arbeiten, dass sie ein für alle Mal verschwinden. Das Elend, der Schmerz und der wirtschaftliche Stillstand, unter denen viele Arme leiden – besonders in Afrika, wo das Christentum sehr großen Zuwachs erhält –, sollte den religiösen und den politischen Führern gleichermaßen zusetzen. Der Glaube, dass alle Anführer von Gott gesegnet sind, ist der Befreiungstheologie fremd. Wie sollte es denn möglich sein, fragen ihre Anhänger, dass Gottes Segen auch auf Mörder oder Folterern liegt?

Ich gebe die Hoffnung nicht auf, dass Religion auch in Afrika, vor allem südlich der Sahara, befreiende Erfahrungen vermittelt. Einige Priester und andere gläubige Menschen in Afrika stimmen dem Grundsatz der „vorrangigen Option für die Armen" zu, und sie kämpfen weiter gegen die Passivität an, zu der sich viele afrikanische Christen verpflichtet fühlen. Wenn ich mir die Nonnen und Priester vor Augen halte, die uns auf unserem Weg der Veränderung vorangegangen sind, dann erkenne ich, dass sie sich für das Dienen engagierten, ein Leben für andere führten und für das gemeinsame Wohl arbeiteten. Ihr Licht scheint überall dort, wo es auf Erden gläubige Männer und Frauen guten Willens gibt.

Wie können die christliche Spiritualität und die Bereitschaft zu dienen in der Sorge um die Erde Gestalt annehmen? Da das

Christentum in der Vergangenheit eine Allianz mit der Kolonisierung und der Ausbeutung vieler Regionen der Erde eingegangen ist, ging auch die politische Herrschaft der Mächtigen gerne Hand in Hand mit der Herrschaft über die Erde, statt dass sie sich als ihr guter Verwalter verstanden hätte. Dem haben sich in der Geschichte des Christentums einige Menschen entgegengestellt: Franziskus von Assisi (1182–1226), der Gründer des Franziskanerordens, sorgte sich nicht nur um die Umwelt und um die anderen Geschöpfe, die mit uns auf Erden leben, sondern er war auch ein früher Befürworter des interreligiösen Dialogs. Gemeinsam mit Klara von Assisi (1194–1253), der Gründerin der Klarissen, diente Franziskus anderen Menschen und setzte sich vor allem für die Armen ein. Klara und er stammten aus privilegierten Familien, doch statt ihre Stellung und ihren Wohlstand zu ihren eigenen Gunsten zu nutzen, führten sie ein Leben des Dienens. Sie und andere Heilige, von denen ich in meiner Kindheit hörte, setzten sich für die Armen ein – in einer Zeit, in der das nicht so leicht war (wobei man fragen könnte, ob es jemals leicht war).

Parallel zur Entstehung der Befreiungstheologie haben christliche Theologen versucht, das in ihren Augen vergessene Ethos der Fürsorge für die Schöpfung und der ökologischen Gerechtigkeit wiederzuentdecken, das sich durch die Überlieferung zieht. Zu den einflussreichsten und wichtigsten Stimmen, die sich für ein stärkeres christliches Umweltbewusstsein einsetzen, gehörte der vor kurzem verstorbene amerikanische Passionisten-Priester Thomas Berry (1914–2009). Auf Berry geht der Entwurf der „Neuen Schöpfungsgeschichte“ zurück, in der die Menschen wechselseitige Beziehungen mit der Erde und miteinander eingehen, statt einander und die Schöpfung zu unterdrücken und auszubeuten. „Das Universum ist eine Gemeinschaft von Subjekten und keine Ansammlung von Objekten“, erklärt Berry, und die Erde sei ein gemeinsamer Besitz, auf dem „jedes einzelne Lebewesen von jedem anderen Lebewesen der Erdengemeinschaft unterstützt wird. Im Gegenzug leistet jedes

Lebewesen einen Beitrag zum Wohlergehen jedes anderen Lebewesens der Gemeinschaft". […]

Die Frage, ob oder wie wir die Wunden der Erde heilen werden, sind letztlich spirituelle Fragen: Was ist, wenn uns mit viel Glück all diese Dinge erhalten bleiben? Ist unser Leben dann glücklicher und erfüllter? Verbringen wir unsere Zeit mit ergiebigeren Beschäftigungen? Leben wir ein Leben, das auf den ersten Blick trotz alledem so ist, wie wir es uns gewünscht haben? Oder geben wir am Ende nur unserer Gier nach – und zerstören dabei genau die lebensnotwendigen Systeme, die für den Bestand all der Dinge verantwortlich sind, die wir so gerne kaufen?

Deshalb können wir uns immer wieder fragen: *Warum tun wir das, was wir tun?* Im einfachsten Fall kann die Antwort darin bestehen, dass wir als Lebewesen die Aufgabe haben, für den Erhalt unserer Gattung zu sorgen. Man könnte allerdings auch vermuten, dass sich der Sinn des Lebens in der Familie finden lässt und in der ständigen Verfügbarkeit von Nahrung, Obdach und Gemeinschaft. Manche Menschen würden vielleicht sagen, dass unsere Aufgabe darin besteht, soviel Besitz und soviel Reichtum wie möglich anzuhäufen, doch ich denke, dass nur eine kleine Minderheit so denkt.

Auf einer anderen Ebene könnte man überlegen, ob man nicht seinen Zweck dadurch erfüllt, dass man auf irgendeine Art Spuren hinterlässt, etwa indem man einen positiven Beitrag zum kulturellen, politischen, wirtschaftlichen oder sozialen Gefüge seiner Gemeinschaft oder seines Landes leistet; oder dadurch, dass man die Welt ein wenig friedlicher, gesünder oder an Arten reicher hinterlässt, als sie zuvor gewesen ist. Wenn die meisten von uns der Ansicht wären, dass der Wert unseres Lebens jenseits des Materialismus zu finden ist und dass der wahre Reichtum nicht nur im Reichtum an Geld besteht, dann sollte uns das zu einer Korrektur der Behauptung führen, dass Bewahrung notwendig mit Verlust einhergeht. Das sollte uns dazu ermutigen, das zu bewahren und zu heilen, was wir haben.

Ich halte es für nötig, dass wir die Erfahrungen, die wir mit den anderen Geschöpfen der Erde teilen, wiederentdecken, und dass wir erkennen, dass wir mit ihnen einen gemeinsamen entwicklungsgeschichtlichen Weg gegangen sind. Mit ihren Flügeln, ihren Schuppen oder ihrem Fell ähneln sie uns zwar kaum. Vielleicht mögen wir einige von ihnen; andere dagegen, wie zum Beispiel die Mücken, können wir gar nicht leiden. Doch sie sind Teil des Lebensprozesses, der auf diesem Planeten begonnen hat und weitergeht. Hierzu passt der Vergleich mit Noah in der Genesis, der von jeder Gattung ein Paar nahm und sie zu zweit in der Arche unterbrachte. Auch Mücken und Reptilien gehörten dazu. Es war Noah nicht aufgetragen worden, nur die Tiere auszuwählen, die ihm nützlich erschienen; er beherbergte sie alle. Gott erkannte, dass sie ein Teil von uns sind; auch sie sollten die Chance bekommen, zu überleben. Indem er ihnen diese Chance gab, gab Gott auch uns eine Chance. Nun müssen wir uns noch einmal selbst diese Chance geben und die Wunden der Schöpfung heilen.

☆☆☆

Es weiß keiner von uns,
was er wirkt und was er Menschen gibt.
Es ist für uns verborgen und soll es bleiben.
Manchmal dürfen wir ein klein wenig davon sehen,
um nicht mutlos zu werden.

ALBERT SCHWEITZER

Lebenssätze

Ich will bei der Wahrheit bleiben.
Ich will mich keiner Ungerechtigkeit beugen.
Ich will frei sein von Furcht.
Ich will keine Gewalt anwenden.
Ich will guten Willens sein gegen jedermann.

MAHATMA GANDHI

☆☆☆

Meditiere täglich über die Lehre und das Leben Jesu.
Denke immer daran, dass die Gewaltlosigkeit als Ziel Gerechtigkeit und Versöhnung sucht, nicht Sieg.
Geh und sprich liebevoll, denn Gott ist die Liebe.
Bete täglich, Gott möge dich brauchen, damit alle Menschen frei werden.
Opfere persönliche Wünsche, damit alle Menschen frei werden.
Beachte im Umgang mit Freunden und Feinden die Regeln des Anstandes.
Suche den Mitmenschen und der Welt zu dienen.
Enthalte dich der Gewalt in Tat, Sprache und Gedanken.
Strebe danach, geistig und körperlich gesund zu sein.

MARTIN LUTHER KING

☆☆☆

Erkenne das Licht in jedem.

SURYA DAS

Lächelnde Antwort

Volkslied aus Umbrien

Weinend
Sagte Franziskus eines Tages zum Herrn:
Ich liebe die Sonne und die Sterne.
Ich liebe Klara und ihre Schwestern.
Ich liebe das Herz der Menschen und alle schönen
  Dinge.
Herr, du musst mir verzeihen,
denn nur dich sollte ich lieben.

Lächelnd
Antwortete der Herr:
Ich liebe die Sonne und die Sterne.
Ich liebe Klara und ihre Schwestern.
Ich liebe das Herz der Menschen und alle schönen
  Dinge.
Mein Franziskus, du musst nicht traurig sein,
denn das alles liebe auch ich.

Sich einlassen

von Hans Jellouschek

Beim Nachdenken über das „Sich-Einlassen" kam mir am Ufer des Hochrheins, an dem ich meinen letzten Urlaub verbrachte, ein einleuchtendes Bild vor Augen: das Bild des Stromes, auf den sich jemand einlässt, dem sich ein Schwimmer anvertraut oder den jemand mit dem Kanu befährt. Der Strom ist mächtig und gefährlich. Es braucht einigen Mut, sich so – schwimmend oder rudernd – hineinzubegeben. Aber es ist aussichtslos, gegen die Strömung zu schwimmen oder zu paddeln. Das wäre die sicherste Methode, abgetrieben zu werden. Man kann nur mit der Strömung sein Ziel erreichen. Man muss sich ihr anvertrauen *und* dabei in höchstem Maße aktiv und eigenverantwortlich bleiben. Dann schafft man es, „hinüberzukommen", sicher nicht an der genau gegenüberliegenden Stelle, sondern ein gutes Stück weiter stromabwärts, aber eben doch hinüber. Mit der Zeit lernt man auch, seine Ziele so zu wählen, dass man beide Kräfte einkalkuliert, die der Strömung und die der eigenen Schwimm- oder Ruder-Kunst. Und je mehr man auf die eigene Kraft und die eigene Erfahrung vertrauen lernt, desto „hingebungsvoller" kann man sich auch der Strömung anvertrauen. Allerdings geht das nicht „ein bisschen". Man muss sich dazu schon ganz hineinbegeben: Entschieden, eindeutig, sozusagen „verbindlich", sonst wird nichts draus und man erreicht das andere Ufer ganz bestimmt nicht.

„Sich einlassen auf ...": Von all dem Gesagten klingt für mich darin etwas an. Man trifft auf die verschiedensten Variationen, wenn man sich mögliche Situationen des „Sich Einlassens" vor Augen führt:

Sich einlassen auf ein Gespräch
Sich einlassen auf einen Kompromiss
Sich einlassen auf ein Experiment
Sich einlassen auf einen spirituellen Weg
Sich einlassen auf eine Beziehung
Sich einlassen auf einen Menschen
Sich einlassen auf eine Gemeinschaft
Sich einlassen auf das Leben …

Bis in existenzielle Tiefen hinein klingen hier immer wieder die erwähnten Bedeutungsgehalte an. Ich will sie im Folgenden nochmals konkretisieren, vor allem im Blick auf jenes Sich-Einlassen, bei dem ich mich aufgrund meiner beruflichen Spezialisierung als Paartherapeut am besten auskenne, nämlich beim „Sich-Einlassen auf eine Beziehung".

Sich einlassen auf … bedeutet immer ein *Wagnis* – wie beim Strom und bei der Felswand. Es verlangt daher Mut und Risikofreudigkeit. Denn das, worauf ich mich einlasse, zum Beispiel ein Experiment, ein Projekt oder vor allem eine Beziehung und damit ein anderer Mensch, ist nicht hundertprozentig berechenbar. Ich weiß nicht, jedenfalls nicht sicher, was mich erwartet, wenn ich mich einlasse, selbst wenn ich den anderen sehr gut zu kennen meine. Unter diesem Aspekt wird gleichsam das *ein-* betont: Ich lasse mich *ein* – auf etwas Unbekanntes, Dunkles, auch gewissermaßen Geheimnis- und Gefahrvolles. Ohne das geht es nicht, ohne das bleibe ich außerhalb des Lebens-Stroms.

Dieses Risiko ist aber nicht einzugehen ohne *Vertrauen*. Das Nicht-Berechenbare, auf das ich mich einlasse, muss für mich ein gewisses Maß an Vertrauenswürdigkeit besitzen und im Laufe der Zeit immer mehr bekommen. Ist der andere, auf den ich mich einlasse, wirklich „vertrauens-würdig"? Kann ich mich auf ihn ver-lassen? Hier tritt der Aspekt des *Lassens* mehr in den Vordergrund. Ich kann es nicht allein zustande bringen, ich bin auf die Vertrauenswürdigkeit des anderen angewiesen.

Man muss sich dem Strom anvertrauen können, sonst darf man sich nicht auf ihn einlassen.

Dennoch oder gerade deshalb verlangt „Sich-Einlassen", dass ich dafür selbst *Verantwortung* übernehme. *Ich* lasse mich ein. Es ist *mein* Entschluss, ich kann die Verantwortung dafür nicht auf jemand anderen abschieben. Sich-Einlassen ist eben etwas anderes als „sich einem anderen zu überlassen". Würden Partner, die sich „aufeinander eingelassen" haben, das beherzigen, würde es zu vielen unfruchtbaren Auseinandersetzungen gar nicht erst kommen. Denn was immer in einer Beziehung geschehen sein mag: Es bleibt bestehen, dass ich mich einmal dafür entschieden habe, und würde ich diese grundsätzliche Verantwortung bei mir behalten, so würde ich wahrscheinlich an vielem, was ich jetzt dem anderen in die Schuhe zu schieben geneigt bin, auch meinen eigenen Anteil erkennen und annehmen können.

Mit dem Übernehmen und Behalten dieser Verantwortung eng verbunden ist der Aspekt der *Aktivität:* Ich lasse *mich* ein. Es braucht im Strom *mein* Schwimmen und *mein* Rudern. „Sich-Einlassen", das verlangt meinen Einsatz, sonst wird nichts aus dem, worauf ich mich eingelassen habe: weder aus dem Gespräch noch aus dem Kompromiss und noch viel weniger aus der Beziehung. Der Strom des Geschehens nimmt mich sonst irgendwohin, aber nicht dorthin, wo es für mich gut ist. Besonders im Bereich von Partnerbeziehungen besteht der weit verbreitete Irrglaube, sie müssten gleichsam von selbst funktionieren, so wie es am Anfang in der Verliebtheit vielleicht der Fall war. Sich-Einlassen auf eine Paarbeziehung bedeutet eigenes Tun, eigene Gestaltung. Sonst treiben wir – mit wachsendem Tempo – auf gefährliche Untiefen oder Stromschnellen zu, die unsere Steuerungskraft überfordern.

„Sich-Einlassen" ist somit immer auch Tun, Engagement und Gestaltung über eine gewisse Dauer hinweg. Ein momentanes „Sich-Einlassen" auf einen flüchtigen Kontakt ist kein „Sich-Einlassen". Auf ein Gespräch, das nach zwei Minuten beendet ist, habe ich mich nicht wirklich eingelassen. Immer bedeutet „Sich-Einlassen" auch Konstanz, Ausdauer, damit aber auch Geduld, ja auch Toleranz und Akzeptanz, wenn etwas anders läuft als gedacht. Im Strom komme ich nur dann auf die andere Seite des Ufers, wenn ich ausdauernd und geduldig meine Richtung verfolge und wenn ich es auch akzeptiere, dass ich nicht genau die angepeilte Stelle erreiche. Das gilt natürlich vor allem wieder in menschlichen Beziehungen: Sich darauf einzulassen heißt, dass ich mich über längere Zeit hinweg engagiere, mit Geduld und auch Toleranz, wenn nicht alles genau so läuft, wie ich es mir vorgestellt habe. Wenn ich die nicht über längere Zeit hin aufbringe, habe ich mich nicht wirklich eingelassen.

Damit aber ist noch eine weitere Facette angesprochen: *Entschiedenheit,* ja *Verbindlichkeit.* Auch wenn ich beim Schwimmen über den Strom nicht weiß, ob ich tatsächlich genau die anvisierte Stelle erreichen werde, bleibe ich trotzdem dran, ich mache trotzdem weiter. Das werde ich aber nur können, wenn ich's nicht nur „halt mal probiere". Ich muss wirklich hinüber wollen, ohne Abstriche. Jedes Sich-Einlassen beinhaltet etwas von dieser Entschiedenheit und Verbindlichkeit. Das gilt vor allem wieder für die Lebensgemeinschaft mit Menschen, auf die ich mich einlasse. Ich kann keine Gewissheit haben, ob es mir gelingt, ganz „hinüberzukommen", ich kann scheitern, es kann schief gehen. Aber wenn ich es „nur mal probieren" will, wird sicher nichts daraus werden. Ich muss diese Verbindlichkeit eingehen, auch wenn ich es nicht in der Hand habe, ein Scheitern zu verhindern. Das ist der Sinn der Formel „Bis dass der Tod euch scheidet" im Eheritual und auch der „ewigen Gelübde", wie Ordensleute sie ablegen, wenn sie sich auf ihren spirituellen Weg in dieser Gemeinschaft einlassen.

„Sich-Einlassen auf" geht nicht, ohne dass man dabei kalkuliert, vorausschaut, kontrolliert. Es verlangt auch unsere entschiedene, eigenverantwortliche Aktivität und Initiative. Würden wir uns einfach dem Strom überlassen, wohin immer er uns treibt, wäre das verantwortungslos. „Sich-Einlassen" spricht ebenso das nicht kalkulierbare Risiko an, das wir dabei eingehen müssen, und das Wagnis, zu dem wir dabei herausgefordert sind. Wir müssen „steuern“ und „rudern“ – und sind dennoch „angewiesen auf …“

Im Loslassen und Sich-Überlassen allein verfehlen wir das Leben genauso, wie wenn wir es – im Interesse unserer Sicherheit – mit Hilfe unseres Verstandes und Willens vollständig kontrollieren wollen. Somit aber klingt für mich in allem auch eine existenzielle Frage an: die Frage nach einem unbedingt vertrauenswürdigen Grund unseres Lebens, der uns letztlich ermöglicht und uns ermutigt, uns „darauf einzulassen“.

Bewahren heißt verschenken

von Anselm Grün

„Liebe lässt sich nur bewahren, indem man sie verschenkt: Ein Glück, das wir für uns allein suchen, ist nirgends zu finden, denn ein Glück, das sich verringert, wenn wir es mit anderen teilen, ist nicht groß genug, um uns glücklich zu machen." (Thomas Merton) Und doch: Ich erlebe immer wieder viele Menschen, die es als ihre wichtigste Aufgabe ansehen, sich von andern abzugrenzen. Sie haben eine heillose Angst, dass sie einmal ausgenutzt werden könnten, dass sie sich mit ihrem Einsatz für andere überfordern. Doch wer so ängstlich nur auf seine Abgrenzung blickt, wird nie die Liebe erfahren, zu der er fähig ist. Die Liebe will fließen. Und nur wenn sie fließt, kann ich sie spüren. Ich kann die Liebe nicht in einem verschlossenen Gefäß aufbewahren. Dann würde sie schnell verderben. Natürlich braucht die Liebe auch die Grenze. Denn wir sind nicht Gott. Wir können nicht unbegrenzt lieben. Aber wir haben teil an der Unbegrenztheit der göttlichen Liebe. Wenn unsere Liebe aus der Quelle der göttlichen Liebe strömt, dann fließt sie aus uns heraus, ohne dass wir uns verausgaben. Dann wird sie sogar stärker, wenn sie von uns auf andere fließt. Wir bekommen etwas zurück, ohne dass wir das bezwecken. Wer nur liebt, damit er geliebt wird, fühlt sich bald verausgabt. Wer jedoch der Liebe traut, die in ihm strömt, der wird beschenkt, wenn er sie weiterschenkt.

☆☆☆

Das Unwesentliche vergeht.
Das Wesentliche bleibt.

Ute Lauterbach

Die Kunst, abhängig zu sein

von Ingrid Riedel

Zunächst würde man natürlich eher die „Fähigkeit, unabhängig zu sein“ als eine Kunst betrachten. Sie ist auch eine. Und wer von sich behaupten könnte, unabhängig zu sein, der wäre auch kompetent, über diese Kunst zu schreiben. Ich bin es nicht. Ich bin abhängig von mir wichtigen Menschen, manchmal sogar von weniger wichtigen, von einer guten Atmosphäre, von meinem körperlichen Wohlbefinden, immer wieder einmal von einem guten Essen, zu dem auch ein guter Wein gehört, erst recht immer wieder von Zuneigung, Zärtlichkeit, von so manchen Dingen, die ich liebe und brauche; bin abhängig manchmal sogar vom Wetter, und immer bin ich dabei abhängig von einigermaßen reiner Luft, in der man noch atmen kann, von Wasser, das man noch trinken kann – wir leben ja in einer ökologisch umfassenden Interdependenz, aber das wäre ein Thema für sich.

Wenn ich all das, von dem ich abhängig bin, um mich habe, fühle ich mich wohl, im Vollbesitz meiner Kräfte, bin ich guter und meist auch kreativer Stimmung. Wenn aber diese Menschen und Dinge mir fehlen, sinkt mein Stimmungsbarometer, versandet meine Kreativität, fällt mir nicht mehr viel ein, bin ich nicht mehr so empathisch wie zuvor.

Vor allem aber bin ich abhängig, weil und wo ich anhänglich bin, wo ich mich zugehörig fühle. Es wird mir doch niemals gleichgültig sein können, wie es einem mir wichtigen und lieben Menschen ergeht. Es wird mich doch nicht unberührt lassen, wenn es ihr oder ihm schlecht geht, sondern es wird meine eigene Stimmung entscheidend beeinflussen und nicht nur meine Stimmung, auch mein Handeln. Es wird mich erst recht nicht unberührt lassen, wenn dieser Mensch sich ein Stück weit aus unserer Beziehung entfernt, sich mir entzieht, während ich doch auf ihn warte, mich auf ihn beziehe. Unabhängigkeit unter Menschen wäre nur möglich um den Preis der Unbezogenheit.

Abhängigkeit ist, genau betrachtet, ein Beziehungsbegriff: Abhängig sein heißt doch, in Relation stehen zu etwas, zu jemandem. So sagen wir beispielsweise: „Das Wetter morgen ist abhängig von der Windgeschwindigkeit, in der ein neues Island-Tief herankommt ...", oder: „Die Stabilität einer Beziehung ist abhängig davon, wie wichtig die Interessen sind, die die beiden Partner miteinander teilen ..." Wir gebrauchen den Begriff „abhängig sein" immer zur Beschreibung einer Beziehung. Im Englischen spricht man von *„dependence"*, wenn es um Abhängigkeit geht, von *„interdependence"*, wenn es um gegenseitige Abhängigkeit von Personen oder von Vorgängen geht. Auch hier handelt es sich um einen klaren Beziehungsbegriff. Für die totale Abhängigkeit im Sinne der Drogenabhängigkeit verwendet man dagegen einen eigenen Ausdruck: *„drug addiction"*.

Wer *„drug addicted"* ist, der Droge verfallen, ist damit einer anderen Form der Okkupation unterworfen als der einer bloßen Abhängigkeit. Es ist eine radikale, absolute Abhängigkeit, die sich von der relativen Abhängigkeit, die ich hier beschreibe, völlig unterscheidet. Dabei dürfen wir allerdings nicht übersehen, dass jede Relation zwischen zwei Polen auch bis zur Aufhebung des einen gehen kann, so dass der eine vom anderen dominiert wird. Es entsteht ein Ungleichgewicht, wenn die eine Waagschale oder die eine Seite der Wippe unverhältnismäßig belastet wird. Dann sitzt der zu Schwere unten, der zu Leichte oben: Die Wippe steht und lässt sich nicht mehr bewegen, das Spiel ist blockiert. Die Partner müssen also von adäquatem Gewicht sein, soll das Beziehungsspiel gelingen. Die Abhängigkeit, die ich hier beschreibe, besteht in dem Balancespiel der beiden, die miteinander wippen, die in Beziehung zueinander stehen. Dieses Balancespiel in Gang zu bringen und in Gang zu halten wäre die „Kunst, abhängig zu sein", die ich meine.

Das anschaulichste und angemessenste Bild für ein voneinander Abhängigsein als Beziehungsgeschehen ist wohl das einer Seilschaft im Gebirge. Da hängen alle Beteiligten am gemeinsamen Seil, hängen von ihm und voneinander ab. Das ist Interdependenz. Wichtig für unser Verständnis für Abhängigkeit ist auch, dass eine solche Seilschaft freiwillig eingegangen wird und auch wieder gelöst werden kann. (Auch wenn das schöne und stimmige Bild einer freiwillig miteinander verbundenen Seilschaft in der Zwischenzeit vielfach zur negativen Kennzeichnung von korrupten „Seilschafen", die einander decken und Machenschaften verdecken, missbraucht wurde, verwende ich es in der ursprünglichen Bedeutung aus der Bergsteigerei.)

Die „Kunst, abhängig zu sein" beruht auf dem Modus, grundsätzlich freiwillig die jeweilige Abhängigkeit eingegangen zu sein und sie wieder lösen zu können. Solange die Seilschaft aber besteht, bedeutet sie schicksalhaft Abhängigkeit. Ich trage hier die anderen mit, werde aber auch mitgetragen. Wenn auf dem Gletscher in unübersichtlichem Gelände Schnee oder Eis einbrechen und ich über einer Spalte über dem Abgrund hänge, dann fängt die Seilschaft mich auf. In seltenen und tragischen Fällen kann ich auch mitgerissen werden im Sturz des anderen. Entweder mitgetragen oder mitgerissen zu werden ist das hohe Risiko, das ich eingehe, wenn ich mich von jemandem abhängig mache. Aber im Regelfall ist das Aneinander-gebunden-Sein einer Seilschaftsgruppe, die Abhängigkeit aller voneinander, gerade das Tragende und das Rettende. Eine Seilschaft wird die Zugehörigen niemals fallen lassen. Sie sind und blieben verbindlich aufeinander bezogen. Abhängig zu sein im Sinne solcher Angewiesenheit aufeinander, das gilt nicht für solche eher seltenen Extremsituationen, wie ich sie eben beschrieben habe, sondern auch für zahllose Situationen im Alltag.

Voneinander abhängig sein, das heißt z. B., sich aus einem spannenden existenziellen Gespräch mit einem Gesprächspartner loszureißen, weil zu Hause die Kinder auf ihr gewohntes

Zu-Bett-geh-Ritual warten. Es heißt, ein schönes Fest, in dem eben die Stimmung steigt, zu unterbrechen, weil man einer Freundin noch einen Anruf versprochen hat. Es hießt, auf eine große Bergwanderung mit Freunden zu verzichten, weil sich der alte Vater an diesem Sonntagnachmittag auf einen kleinen Spaziergang mit einem freut.

Dass die anderen Zuverlässigkeit von einem erwarten, ist „das Lästige an jeder verbindlichen Beziehung", wie es eine Freundin einmal ausdrückte, das Lästige, das einfach jede Beziehung enthält, das, was einen die Abhängigkeit von anderen manchmal auch quälend erleben lässt. Soll es denn nicht mehr erlaubt sein, sich etwas spontan einfallen zu lassen, die Abmachungen anderer sowie deren Erwartungen über den Haufen zu werfen? Lästig, zu einer bestimmten Zeit zum Essen kommen zu sollen, auch wenn es Freunde für einen vorbereitet haben! Nicht minder lästig aber auch, selbst mit großer Liebe für Freunde ein Essen vorbereitet zu haben – z. B. Felchen aus dem Bodensee, bei dem die Kochzeit stimmen muss –, und diese Freunde haben dann irgendwo die Zeit vergessen und lassen auf sich warten! Ausschließlich als lästig könnten wir diese Abhängigkeit, dieses Angewiesensein auf einen andern und aufeinander bezeichnen, wären wir nicht selbst in der gleichen Weise auf die verlässliche Bezogenheit des anderen angewiesen, darauf, dass der versprochene und sehnlich erwartete Anruf auch wirklich kommt; darauf, dass sowohl die Spaziergänge als auch die Gute-Nacht-Rituale eingehalten werden, auf die wir uns doch freuen! „Es muss feste Bräuche geben", sagt der Fuchs zum kleinen Prinzen bei Saint-Exupéry, denn ohne Rituale „kann ich nie wissen, wann mein Herz da sein soll". Mit diesem Ausspruch erweist sich der Fuchs als ein Meister in der „Kunst, abhängig zu sein".

Dass ich ein Mensch bin

von Meister Eckhart

Dass ich ein Mensch bin,
Habe ich gemeinsam mit allen Menschen.
Dass ich sehe und höre
Und esse und trinke,
Ist mir gemeinsam mit allen Tieren.
Aber dass ich ich bin, ist nur mir eigen
Und gehört mir
Und niemand sonst,
Keinem anderen Menschen,
Noch einem Engel, noch Gott,
Außer dass ich eins bin mit ihm.

Wofür ich dich halte

von Ute Elisabeth Mordhorst

Ich halte dich.

Mit meiner ganzen Seele
halte ich dich

für den Frieden
für die Liebe
für den Weg
die Wahrheit und das Leben
für das Heil der Welt.

Du umarmst
mein Sein
mit deinem schönen Geist.
Du bist mir Sinn und Ziel.

Für all das halte ich dich
mit meiner ganzen Seele.

Woran du dein Herz hängst

von Martin Luther

Das erste Gebot heißt: Du sollst mich allein für deinen Gott halten. Was ist damit gesagt und wie ist es zu verstehen? Was heißt „einen Gott haben“, bzw. was ist „Gott“? Antwort: Ein „Gott“ heißt etwas, von dem man alles Gute erhoffen und zu dem man in allen Nöten eine Zuflucht nehmen soll. „Einen Gott haben“ heißt also nichts anderes, als ihm von Herzen vertrauen und glauben; in diesem Sinn habe ich schon oft gesagt, dass allein das Vertrauen und Glauben des Herzens einem etwas sowohl zu Gott als zu einem Abgott macht. Ist der Glaube und das Vertrauen recht, so ist auch dein Gott der rechte Gott, und umgekehrt, wo das Vertrauen falsch und unrecht ist, da ist auch der rechte Gott nicht. Denn die zwei gehören zusammen, Glaube und Gott. Das nun, sage ich, woran du dein Herz hängst und worauf du dich verlässest, das ist eigentlich dein Gott.

Quellenverzeichnis

1 Soviel Schönes: Sehen und hören lernen

Evamaria Bohle, Kühle Schönheit, © Evamaria Bohle

Eduard Mörike, Septembermorgen, aus: ders., Gesammelte Werke in zwei Bänden. Eingeleitet von Bernt von Heiseler. Hg. v. Hans Jürgen Meinerts. Erster Band, Bertelsmann Lesering, o. J.

Du bist schön und groß, aus dem Sonnenlied des Echnaton, zit. nach: Gott denken? Eine Spurensuche in Literatur und Religion, hg. von Ludger Honnefelder, Verlag Herder, Freiburg i. Br. 2012

Franz von Assisi, Sonnengesang, aus: ders., Geliebte Armut. Texte von und über den Poverello, hg. v. Gertrude und Thomas Sartory (Herderbücherei), Verlag Herder, Freiburg i. Br. [11]1986

Dorothee Sölle, Liebe zur Schönheit, aus: dies., Lieben und arbeiten, © 1999 by Hoffmann und Campe Verlag, Hamburg

Albert Einstein, Wie ich die Welt sehe, aus: ders., Mein Weltbild, hg. von Carl Seelig, © 1953 by Europa Verlag AG, Zürich

Rosa Luxemburg, Augen und Ohren gebrauchen, aus: dies., Briefe aus dem Gefängnis, Karl Dietz Verlag, Berlin 2006

Bettina von Arnim, Sprache ist küssen, aus: dies., „Meine Seele ist eine leidenschaftliche Tänzerin“, hg. v. Otto Betz, Verlag Herder, Freiburg i. Br. 1982

Gabriele Wohmann, Familienmitglied Tschechow, aus: dies., Sterben ist Mist, der Tod aber schön. Träume vom Himmel. Aufgezeichnet und mit einem Nachwort versehen von Georg Magirius, Kreuz Verlag in der Verlag Herder GmbH, Freiburg i. Br. 2011

Andy Lang, Von Schönheit umgeben. Aus: ders., Auf den Pfaden der Freiheit. Unterwegs zu einem erfüllten Leben, Kreuz Verlag in der Verlag Herder GmbH, Freiburg i. Br. 2012

Irmtraud Tarr, Wir sind alle Musiker (Spielerisch Sinn erfahren), aus: dies., Leben macht Sinn, Kreuz Verlag in der Verlag Herder GmbH, Freiburg i. Br. 2010

Martin Luther, Hören, singen, erquickt werden, zit. n.: Hans-Joachim Neubauer und Christiane Seiler (Hgg.), Mit Luther Klartext reden, Verlag Herder, Freiburg i. Br. 2008

2 Von außen nach innen: Körperfreuden – Seelenschmuck

Margot Käßmann, Am Strand, aus: dies., Stille und Weite. Mit Fotografien von Monika Lawrenz, Verlag Herder, Freiburg i. Br. 2012

Gabriele Hartlieb, Das Herz auf der Haut © Gabriele Hartlieb

Niklaus Brantschen, Mit allen Sinnen, aus: Rosemarie Primault und Rudolf Walter (Hgg.), Die Augen meiner Augen sind geöffnet. Erfahrungen der Dankbarkeit, Verlag Herder, Freiburg i. Br. 2006

Willigis Jäger/Christoph Quarch, Die Liebe zum Göttlichen in unserem Körper, aus: dies., „… denn auch hier sind die Götter". Wellness, Fitness und Spiritualität, Verlag Herder, Freiburg i. Br. 2004

Thich Nhat Hanh, Achtsamkeit auf den Körper – Meditation, aus: ders., Jeden Augenblick genießen. Übungen zur Achtsamkeit, © 2004 Theseus Verlag in der J. Kamphausen Verlag & Distribution GmbH, Bielefeld

Liane Dirks, Schönheitstipp: Wärme im Winter!, aus: dies. (Hg.), Das Buch vom goldenen Oktober, © Sanssouci im Carl Hanser Verlag GmbH & Co. KG, München 2007

Anselm Grün, Zärtlich, aus: ders., Das kleine Buch der wahren Liebe. Hg. v. Rudolf Walter, Verlag Herder, Freiburg i. Br. 2011

Satt von Gutem, Ausschnitte aus Psalm 104, aus: Die Bibel. Die Heilige Schrift des Neuen und Alten Bundes, Verlag Herder, Freiburg i. Br. 2010

Irmtraud Tarr, Wein, aus: dies., Vom leichten Glück der einfachen Dinge, Verlag Herder, Freiburg i. Br. 1998

Matthias Claudius, Geburtstagsschmaus [Brief an Andres wegen den Geburtstägen im August 1777], aus: ders., Werke in einem Band, hg. von Uwe Lassen, Hoffmann und Campe, Hamburg 1978

Gabriele Hartlieb, Dick oder dünn – Danke, aus: Margot Käßmann (Hg.), In Gottes Hand gehalten. Frauengebete. Verlag Herder, Freiburg i. Br. 2011

Milena Lange, Vor dem Spiegel, aus: Willigis Jäger/Christoph Quarch, „… denn auch hier sind die Götter". Wellness, Fitness und Spiritualität, Verlag Herder, Freiburg i. Br. 2004

Mechthild von Magdeburg, Ich tanze, wenn du mich führst, aus: dies., Ich tanze, wenn du mich führst – Texte zum Nachdenken, hg. von Margot Schmidt, Verlag Herder, Freiburg i. Br. 1988

Monika Gruhl und Hugo Körbächer, Optimismus, aus: dies., Mit Resilienz leichter durch den Alltag. Das Trainingsbuch. Kreuz Verlag in der Verlag Herder GmbH, Freiburg i. Br. 2012

Klaus Renn, Innerer Erlebnisraum, aus: ders., Dein Körper sagt dir, wer du werden kannst. Focusing – Weg der inneren Achtsamkeit. Verlag Herder, Freiburg i. Br. 2006

3 Unscheinbar Wertvolles: Sachen finden, Erinnerungen sammeln

Doris Bewernitz, Ofenfreuden, aus: dies., Wo die Seele aufblüht. Warum ein Garten glücklich macht. Verlag Kreuz in der Verlag Herder GmbH, Freiburg i. Br. 2012

Rainer Maria Rilke, Blaue Hortensie, aus: ders., Gedichte. Auswahl und Nachwort von Dietrich Bode. Philip Reclam jun., Stuttgart 1997

Gary Thorp, Brüche und Sprünge, aus: ders., Zen oder die Kunst, den Mond abzustauben. Aus dem Amerikanischen von Bernardin Schellenberger, Verlag Herder, Freiburg i. Br. 2001, © 2000 by Gary Thorp, mit freundlicher Genehmigung durch Walker & Company/Publ. Co. Inc., New York

Herta Müller, Gegenstände, aus: dies., Der König verneigt sich und tötet. © 2003 Carl Hanser Verlag, München

Detlev Block, Kleines Liebeslied, aus: ders., Tapfer bis fröhlich. Gedichte © Vandenhoeck & Ruprecht GmbH & Co. KG, Göttingen 2009

Regina Ammicht Quinn, Kostbar und zerbrechlich [Fragmentarisch leben], aus: Rudolf Walter (Hg.), Mit einem weiten Herzen, Verlag Herder, Freiburg i. Br. 2005

Lina Sauer, Meine feine schwarze Jacke, © bei der Autorin

Hermann Hesse, Eine schöne Ewigkeit [Glück], aus: ders., Sämtliche Werke in 20 Bänden. Hg. von Volker Michels. Band 14: Betrachtungen und Berichte (1927–1961), © Suhrkamp Verlag, Frankfurt a. M. 2003

Verena Kast, Erinnerungsschätze, aus: dies., Was wirklich zählt, ist das gelebte Leben. Kreuz Verlag in der Verlag Herder GmbH, Freiburg i. Br. 2010

Klaus Renn, Glücksperlensuche aus: ders., Dein Körper sagt dir, wer du werden kannst. Focusing – Weg der inneren Achtsamkeit. Verlag Herder, Freiburg i. Br. 2006

4 „Süßer", „Schatz", „Mein Herzchen": liebste Menschen

Kurt Schwitters, Schnuppe, aus: ders., Das literarische Werk. Hg. v. Friedhelm Lach, © DuMont Buchverlag, Köln 1974.

Karl Marx, Mein Herzensliebchen, [An Jenny Marx], aus: Hans-Joachim Neubauer und Christiane Seiler (Hgg.), Mit Marx richtig reich werden, Verlag Herder, Freiburg i. Br. 2008

Stefan George, Wechsel, aus: ders., Sämtliche Gedichte, Klett-Cotta, Stuttgart 2003

Warum haben Sie geheiratet?, aus: Pat Connor, Der ultimative Liebes-Check. Weil es nicht egal ist, wen du heiratest. Aus dem amerikanischen Englisch von Maria Buchwald, Kreuz Verlag in der Verlag Herder GmbH, Freiburg i. Br. 2011

Matthias Claudius, Vater werden, aus: ders., Unterm Mond ist viele Freude, Reclam Verlag, Leipzig 1990

Gabriele Hartlieb, Versprich mir … Glück mit Kindern? © Gabriele Hartlieb

Pat Connor, Vor allem Geduld, aus: ders., Der ultimative Liebes-Check. Weil es nicht egal ist, wen du heiratest. Aus dem amerikanischen Englisch von Maria Buchwald, Kreuz Verlag in der Verlag Herder GmbH, Freiburg i. Br. 2011

Verena Kast, Großeltern, aus: dies., Was wirklich zählt, ist das gelebte Leben. Kreuz Verlag in der Verlag Herder GmbH, Freiburg i. Br. 2010

Katharina Schridde, Beste Freundin, aus: dies., Maria – Königin und Kämpferin. Ein spiritueller Erfahrungsweg für heute, Kreuz Verlag in der Verlag Herder GmbH, Freiburg i. Br. 2010

Wolfgang Krüger, Die sieben Gründe für Freundschaften, aus: ders., Wie man Freunde fürs Leben gewinnt. Vom Glück einer besonderen Beziehung, Verlag Herder, Freiburg i. Br. 2010

Hans Ruoff, „Es war eine Entscheidung für Lebensqualität" [Zwischen Karriere und Scheitern: Der dritte Weg], aus: ders., Die Kunst des erfolgreichen Abstiegs. Vom guten Leben jenseits der Karriere, Verlag Herder, Freiburg i. Br. 2008

Irmtraud Tarr, „Behandle sie, als würdest du einen kleinen Fisch kochen", aus: dies., Leben macht Sinn, Kreuz Verlag in der Verlag Herder GmbH, Freiburg i. Br. 2010

5 Überraschend wichtig: Einfach da sein – Das Jetzt genießen

Margot Käßmann, Zeit des Gelingens, aus: dies. (Hg.), Gottes Hand gehalten. Frauengebete, Verlag Herder, Freiburg i. Br. 2011

Liane Dirks, Im Garten und auf Balkonien, aus: dies. (Hg.), Das Buch vom strahlenden September, © Sanssouci im Carl Hanser Verlag GmbH & Co. KG, München 2007

Jessica Wilker, Mehr nicht, aus: dies., Das Einmaleins der Achtsamkeit. Vom täglichen Umgang mit alltäglichen Gefühlen © 1998 Theseus Verlag in der J. Kamphausen Verlag & Distribution GmbH, Bielefeld

Daniel Hell, Augenblicke der Stille: Muße, aus: ders., Die Wiederkehr der Seele. Verlag Herder, Freiburg i. Br. 2005, erweitere Neuausgabe 2009

Friedrich Nietzsche, Ja zum Augenblick, aus: ders., Werke in drei Bänden, hg. v. Karl Schlechta, Carl Hanser Verlag, München 1954

Katharina Schridde, Freitagmorgen [Vorwort], aus: dies., Du bist gesegnet. Gottes Zusage für das Leben, Kreuz Verlag in der Verlag Herder GmbH, Freiburg i. Br. 2010

Irmtraud Tarr, Da sein, um da zu sein von aus: dies., Leben macht Sinn, Kreuz Verlag in der Verlag Herder GmbH, Freiburg 2010

Erich Fried, In der letzten Zeit vor meinem Tod, aus: ders., Mitunter sogar Lachen. Zwischenfälle und Erinnerungen. © Verlag Klaus Wagenbach, Berlin 1986/1992/2010

6 Rostfrei beständig: Himmelsschätze

Jesus von Nazareth, Wo dein Schatz ist, da ist dein Herz [Mt 6, 19–24], aus: Die Bibel. Die Heilige Schrift des Alten und Neuen Bundes, Verlag Herder, Freiburg i. Br. 2010

Rose Ausländer, Noch bist du da, aus: dies., Ich höre das Herz des Oleanders. Gedichte 1977–1979. © S. Fischer Verlag GmbH, Frankfurt a. M. 1984

Dorothee Sölle, Lob der Tränen, aus: dies., Und ist noch nicht erschienen, was wir sein werden. Gesammelte Werke Band 2, hg. v. Ursula Baltz-Otto und Fulbert Steffensky, Kreuz Verlag in der Verlag Herder GmbH, Freiburg i. Br. 2006

Wangari Maathai, Die Bereitschaft zu dienen, aus: dies., Die Wunden der Schöpfung heilen. Wie wir zu uns selbst finden, wenn wir die Erde erneuern. Aus dem Englischen von Gerlinde Baumann, Verlag Herder, Freiburg i. Br. 2010

Hans Jellouschek, Sich einlassen, aus: ders., Gib der Liebe Raum. Hg. v. Peter Raab, Kreuz Verlag in der Verlag Herder GmbH, Freiburg i. Br. 2011

Anselm Grün, Bewahren heißt verschenken, aus: ders., Das kleine Buch der wahren Liebe. Hg. v. Rudolf Walter, Verlag Herder, Freiburg i. Br. 2011

Ingrid Riedel, Die Kunst, abhängig zu sein, aus: dies., Die Welt von innen sehen, Kreuz Verlag in der Verlag Herder GmbH, Freiburg i. Br. 2007

Meister Eckhart, Dass ich ein Mensch bin, aus: Meister Eckharts mystische Schriften. Aus dem Mittelhochdeutschen und mit einem Nachwort von Gustav Landauer, Insel Verlag, Frankfurt 1991

Ute Elisabeth Mordhorst, Wofür ich dich halte, aus: dies., Kurzmeditationen, Verlag Herder, Freiburg i. Br. 2010

Martin Luther, Woran du dein Herz hängst [Das erste Gebot], zit. n.: Hans-Joachim Neubauer und Christianer Seiler (Hgg.), Mit Luther Klartext reden, Verlag Herder, Freiburg i. Br. 2008